AF598964

Dans l’ombre du silence

Olivier Chasson

Dans l'ombre du silence

Essai

LE LYS BLEU
ÉDITIONS

ISBN : 979-10-377-9900-5

Préface

Un espace, un tout ou rien autour de moi, du mouvement, des paroles, puis au loin des crépitements et un peu d'agitation. Beaucoup de cris se répètent… tel un refrain continu.

Un refrain qui ne cesse de tourner en rond, répétition sur répétition, l'entendre est impossible même en me rapprochant. Curieusement, ces cris viennent à moi, des formes humaines m'encerclent… Un cercle que je ne peux échapper, j'en deviens la cible – une cible facile à atteindre. Un seul bras tendu peut me toucher ! Sentant le parfum de leur attention venimeuse, toujours cet enchaînement de paroles qui tourne et pénètre tout mon être, cela n'en finit pas, un climat cauchemardesque inévitable, un cauchemar qui devient une obsession se transformant en un nuage noir grandissant plus la peur me gagne.

Comme seul instant de survie, la tête dans les genoux, je deviens transparente.

« Peur de la nuit, peur du jour… crainte de la vie. »

Une âme perdue, je suis là, patiemment perdue dans le temps de l'insolence permanente, je marche, je cours, j'essaie de me rattraper à la vie ! Un destin perdu qui devrait être accompli, un amour-propre emmené dans l'oubli… Je viens, repars et reviens tel un slogan dans la foule, je repousse les canons qui me touchent, pourtant je ris – je parle fort pour que l'on ne m'oublie pas.

On me met en marge, on me laisse seule… Cela devient un ennui, je veux vivre, vivre, être une femme libre. M'accomplir dans la vie sans être trahi par autrui, sans avoir d'ennemis – les gens de mon âge me renient, mais en soi je n'ai pas eu le temps de montrer ma folie. Je n'ai toujours rien accompli, me reste-t-il de l'envie ?

Je vois le jour me sourire timidement et la nuit m'affaiblir, quel destin que celui de devenir une « insoumise » ! Je souhaite briser le silence de ces mensonges incessants qui se répètent et deviennent permanents – on me voit comme je ne me vois pas ! Et je suis devenue ce que la vie veut de moi.

Ce n'est sans doute pas si compliqué de provoquer le bonheur, j'ai souvent pu le toucher du bout de mes doigts, cela paraissait fou, intense et malheureusement éphémère… Est-ce finalement important d'être heureuse à temps complet ? La quête du bonheur est tant convoitée, tant voulue, je cours juste derrière pour goûter à ces vertus. Cette situation de détresse se transforme en épuisement de soi.

Plus je tombe et plus je pense apprendre, je cherche à créer une estime de moi que je n'ai pas ! Je commence aussi à mettre un pied dans une forme de logique qui pourrait se traduire et être de l'épanouissement personnel…

Aujourd'hui, j'ai décidé d'être heureuse et ce sera le travail de ma nouvelle vie !

Merci Louise, ma fille !

De ces prospères photos,
Remplies d'orgueil,
Jaillissent des mots,
De nos doigts honteux.

Les phrases s'enchaînent,
Dans l'inégalité des propos,
Chacun imagine, exprime, se dévoile,
Aux souhaits souvent non désirés.

Soudain l'infini funeste,
Viens glacer l'azur,
Emplissant les yeux humides,
De leurs ombrages nocturnes…

Préambule

« En politique, on ne flétrit le mensonge d'hier que pour flatter le mensonge d'aujourd'hui. »

Jean Rostand

Je suis Olivier Martineau, ancien chef du service pédagogique au centre de Pontourny. Beaucoup en ont parlé, certains ont même écrit sans jamais nous questionner vraiment, nous les cadres de cet établissement. Loyaux et tenus à une réelle discrétion, nous n'avons jamais voulu entrer dans les tourments des polémiques ou autres thèses qui entouraient ce centre et notre manière d'y travailler. Aujourd'hui, il est l'heure d'y apporter une vision différente sous un autre prisme que celui d'extérieurs venus y recueillir des informations pour faire recette sur un plateau télé, ou vendre des livres en disant « J'y étais ! », qui déterminent leurs postures de sachants, sans en avoir eu la totale envergure. Et de fait, à cause de ce projet avorté, eux-mêmes ont été freinés dans leur élan. Il est toujours si facile de rester en arrière des événements et de venir y apporter un éclairage quand tout est fini, ou bien lorsque l'on intervient ponctuellement sur des temps tellement « bordés » que la vision ne peut être aucunement celle d'un quotidien.

Lorsqu'une expérience est vécue, elle a plusieurs temps. De ce fait, chaque seconde qui passe amène un point de réflexion supplémentaire. Nous avons donc eu le temps de réfléchir longuement et de croiser nos idées avant d'écrire, alors que d'autres se sont empressés. Cela fait plus de cinq ans que nous avons participé à cette expérience qu'était le CPIC (Centre de Prévention et d'Insertion à la Citoyenneté), plus vulgairement appelé le centre de « déradicalisation ». Pour tout dire, je n'ai pas été partant au début pour intégrer la petite équipe de direction de ce centre. Si je suis venu, c'est parce que le futur directeur, Olivier Chasson, devenu mon meilleur ami par la suite, a su trouver les mots pour me convaincre de travailler à ses côtés. Aujourd'hui, je reste fier d'avoir pu œuvrer avec ce que nous étions les uns et les autres, malgré nos différences et nos divergences. Mais pour tout dire, cela ne pouvait être autrement, il avait fallu faire vite pour que les caméras et autres médias se régalent du spectacle d'un radeau déjà médusé avant même d'avoir pris la mer. Je suis ce que l'on peut appeler un patriote.

Contrairement à ce que l'on peut penser, un patriote peut rester apolitique, et pour cause ! Si l'on aime son pays, on en défend les valeurs républicaines de laïcité et du « vivre-ensemble ». Après l'acharnement de l'islam politique et intégriste, notre cher « vivre ensemble » a pu se poser des questions quant à sa pérennité jusqu'à atteindre le paroxysme de l'abjection lors des attentats qui ont déclenché le début de notre « expérience interdite ». Pendant cette expérience, souvent rabaissé, voire insulté pour ce que j'étais ou avais été, je savais que si j'étais là, c'était avant tout parce que mon parcours de vie était la représentation d'un savoir-faire correspondant aux attentes d'un gouvernement en quête d'une recherche pour endiguer des événements qui nous avaient tous marqués : les attentats de Charlie Hebdo, de l'Hyper Cacher et du Bataclan. Ancien militaire de carrière, puis militaire de réserve opérationnelle (y compris lorsque j'étais en poste au CPIC), j'ai toujours été attaché à la défense et aux valeurs fortes de la France. Spécialiste dans plusieurs domaines techniques, j'étais de ces soldats polyvalents et volontaires. J'ai donc participé à de nombreuses missions, parfois même à celles considérées comme les plus dures.

Après une reconversion, j'ai finalement été recruté par les EPIDE (Établissements Publiques d'Insertion de la Défense), acronyme changé aujourd'hui en « Établissement pour l'Insertion dans l'Emploi », dans lesquels j'ai eu le bonheur de passer six ans, tout d'abord en tant qu'éducateur référent, puis comme coordinateur des services. Je ne vais pas développer tous ces sujets, car ils le seront par l'auteur de ce livre. Néanmoins, il est clair et revendiqué de ma part que les outils transférés de l'EPIDE au CPIC, même si parfois totalement inadaptés pour certains, me paraissaient tout aussi justifiés. Les EPIDE, outils reconnus de l'insertion rapide vers une réussite sociale et professionnelle avec une approche à empreintes civique et militaire, ont fait leurs preuves. Fruit d'un ascenseur social à la française, j'ai aussi lu quelque part que certains cadres n'étaient pas diplômés et n'avaient donc pas légitimité à diriger cette aventure hors norme, du fait d'un manque de diplômes. Heureusement pour nous, la France donne encore sa chance au savoir-faire de certains autodidactes dont la plus-value réside avant tout dans leur vécu. Ce qui n'était pas du tout notre cas, puisqu'en plus de notre vécu, nous avons eu le plaisir de participer aux formations les plus sérieuses dans le domaine des compétences managériales et sociales. Bien sûr que oui, nous l'avions cette légitimité à piloter cet avion de reconnaissance ! Il allait d'ailleurs présager d'une nouvelle approche sur une problématique jusque-là totalement ignorée, voire volontairement mise de côté, sous couvert de ne pas froisser une frange de la population dont on s'est finalement aperçu qu'elle imposait la peur et son mode de vie. La lutte contre la radicalisation par son approche sociopédagogique était donc, à ce moment-là, en mode embryonnaire. Donc oui, issu du sérail militaire après être rentré sans aucun diplôme dans une armée de Terre bienveillante pour ceux qui offrent leur vie à la protection de la nation, j'ai eu la chance de suivre un cursus à la fois militaire, scolaire et technique très élaboré qui a fait de moi le titulaire d'un brevet de technicien supérieur, cursus doublé d'une formation spécialisée pour être pédagogue en école militaire nationale, puis titulaire d'un brevet de chef de section et enfin d'attestation de stage des commandants d'unités de réserve opérationnelles. Des formations profanes pour les anciens de la structure reprise par nos soins, mais dont tout le monde connaît et reconnaît l'aplomb managérial. Porter atteinte à cela serait donc porter atteinte à tout le savoir-faire d'une armée réputée sérieuse par le monde. J'ai gravi chaque échelon de cette hiérarchie, parfois avec des temps d'arrêt, mais pour ceux qui connaissent de quoi sont faites nos formations, l'on peut déterminer quel meneur d'hommes et de projets aboutis je pouvais être. Malheureusement, nous, les cadres du CPIC, avons vécu sur des planches tellement savonnées que certains ne tenaient surtout pas à savoir qu'ils pouvaient ne pas détenir toute la vérité ou que leur vérité n'était pas celle attendue. Ce centre a tellement poussé les personnels dans leurs retranchements à tous niveaux confondus que certains en ont oublié l'objectivité nécessaire au regard de la situation vécue. Pour autant, comment leur en vouloir ?

Par ailleurs, professeur de sport de combat, détenteur d'un savoir sécuritaire, nommé responsable pédagogique, j'ai aussi rapidement été désigné responsable de la supervision et de la protection du centre. Cette responsabilité imposait de préserver les consignes données par le ministère à ce sujet, elles étaient nombreuses, complexes, et pour certaines, il n'était pas question de les faire connaître aux personnels du centre. Tout cela participait donc à la structuration d'un centre hautement sécurisé, mais scruté par de nombreux responsables de par le monde, et à ce titre, il était clair qu'une grande confidentialité devait être maintenue. Lorsque l'on a affaire à des éducateurs issus d'un système précédemment enfermé sur lui-même, autorisant toutes les dérives horaires et éducatives, l'imposition d'un cadre de travail structuré, régulé, soumis à des codes vestimentaires et à une doctrine commune, n'était forcément pas un exercice simple. Il était donc normal que le « grincement » des tongs ou autres chaussures ouvertes liées à un code dit « roots », bien aimé de nos chers détracteurs, se fasse entendre à des kilomètres à la ronde ! Jusqu'à en écrire un livre à l'encontre de ceux qui étaient les garants de la tenue de ces mêmes règles. Pourtant en vouloir à qui que ce soit est bien difficile aujourd'hui. Nous aurions juste aimé avoir du temps et… de l'occupation ! Car oui, pour le politiquement correct, il nous a aussi fallu nous adapter à une population loin d'être celle pour laquelle nous avions passé des semaines à disserter. Le questionnement dans le vide était un exercice destructeur, là où le pire de la personne humaine s'exprime ; ce moment de vide où, pour exister, certains sont prêts à dévaloriser, refuser, et finalement perdre la dignité nécessaire à une telle entreprise. Ah ça oui, ce radeau de la Méduse, nous étions bien dessus ! Mais revenons en arrière… Il y a tout de même eu une vraie réflexion de fond. Comment participer à la lutte contre l'endoctrinement face à de jeunes gens, tous tellement certains de leur vérité ? On nous a demandé beaucoup de travail en ce sens et, lorsque je me questionnais sur l'approche globale des outils à mettre en place pour aider à lutter contre la radicalisation, les dirigeants parisiens n'étaient clairement pas sur cet axe-là, d'ailleurs très peu en renfort sur les phases de besoins réels. Comment motiver des personnels lorsque leurs contrats eux-mêmes ne sont pas encore écrits et que le directeur en place est obligé de leur faire des avances sur salaires prenant sur les caisses du centre ? Ce simple ratage a été le point de départ de bien des discordes. Quant aux éducateurs de l'ancienne structure, ceux qui n'avaient pas pu fuir pour trouver un emploi ailleurs, et qui, faute de mieux, avaient validé leur embauche au CPIC, disant que ce projet les intéressait, eux étaient encore sur des errements ancestraux qui ne pouvaient pas être dans l'axe du chemin à prendre. De quoi parle-t-on ? De l'islamisme ultra, celui qui n'entend pas, celui qui ne veut rien de l'État qui pourtant les nourrit par le biais de systèmes administratifs, rien hormis une foi indicible pour quelque chose que, bien souvent, ils ne connaissent qu'à peine. Ma vie m'a porté jusqu'en terre d'islam. J'y ai eu une autre compréhension que celle qu'on veut nous montrer, une compréhension souvent tronquée et portée par des gens dont la vision ne reste que franco-française.

L'islam est une approche complexe, fine et intelligente. J'ai eu cette chance d'y faire des affaires autrefois, mais il est évident qu'on ne peut pas communiquer et partager si l'on ne fait pas un pas l'un vers l'autre. Un problème vieux comme le monde. Pour réussir à m'intégrer dans mon pays d'adoption, il m'a donc fallu apprendre les rudiments de la langue et surtout les codes de communication. J'ai donc lu. Et un jour, un article m'a interpellé. Il était écrit par un reporter du pays où je vivais qui a été mis en prison par la suite pour son écrit. Il parlait de la schizophrénie de son pays liée à une religion d'une autre époque, totalement inadaptée à la vie d'aujourd'hui. Au CPIC, nous n'avions aucun « arabisant », mis à part l'aumônier musulman intervenant ponctuellement et moi, qui étais bien loin de la connaissance exacte de cette culture que j'avais appréhendée seulement quelques années, dans mon monde « d'expat ». De là, il est facile de comprendre que la méthode choisie allait être bien ardue à mettre en place. J'ai toujours défendu le fait qu'à la place d'une approche frontale, imposant des valeurs inconnues à cet ennemi de l'intérieur, peut-être aurait-il mieux valu déconstruire petit à petit. Et même si ma loyauté au système me dictait de suivre le chemin décidé, il m'arrivait parfois d'imaginer une autre manière de faire. Oui, mais comment ? Nous avons tous « planché » sur ça, avec nos avis tous différents, en essayant toutefois de nous intéresser à l'essentiel : les jeunes gens qui intégreraient ce centre, déjà appelé le « Guantanamo français » par nos détracteurs. Outre les problématiques pédagogiques ou éducatives, notre principal « échec », s'il en est un, est de ne pas avoir eu de ligne de conduite au départ, et surtout, ne pas avoir eu des personnels tous voués à la cause et au respect des valeurs. Malheureusement, la majorité des intervenants étaient bien plus préoccupés par leurs conditions de vie et leur microcosme local que de trouver une solution pour lutter efficacement contre ce venin mortel qu'est la radicalisation islamiste. Certains aujourd'hui ont vite oublié leur réaction sur l'instant… Peur d'être repérés, peur d'être suivis, peur de la fatwa… Peur de leur propre ombre parfois ! Mais peut-on leur en vouloir ? L'inconnu fait toujours peur, et la plupart des professionnels en poste n'avaient pas voyagé beaucoup, ou uniquement sur des temps de congés scolaires.

Je suis l'un des rares à ne pas avoir eu peur. Finalement, rien de bien anormal à cela, je connaissais déjà cette problématique existante hors de nos frontières et j'avais pu lutter contre l'agresseur, car oui, il ne s'agissait pas d'enfants de chœur, en tout cas sur le papier. Certains aujourd'hui ont oublié les menaces d'égorgement à leur encontre : « Je te découperai comme un simple poulet », comme ils ont oublié leur incapacité à prendre en compte l'ultra violence. En plus de ça, certains ont oublié qu'ils ont pu lâchement abandonner tel ou tel collègue en fragilité, voire clairement en danger de mort sur l'instant. Nous étions un peuple français traumatisé par des événements hors du commun. Nous étions ce même peuple à l'intérieur de la structure, dans notre petit microcosme, refaisant nos erreurs assises sur nos divergences politico-éducatives. Parlons-en des politiques ! Nous avons eu la chance de croiser les plus grands grâce à cette aventure. En effet, les politiciens de tous bords avaient envie de venir voir, de se montrer en action, ou dans la destruction. Comme ces deux chargées de mission, dont je parlerai plus loin, qui, en à peine quelques minutes, ont pu faire un rapport dévastateur à notre encontre ! Tous avaient donc envie de venir se pavaner, enfin avant que tout ne se « plante ». Avant que nous ne devenions les parias d'un centre décrié et laissé à l'abandon du jour au lendemain, ce centre abandonné par tous, où les conditions psychologiques allaient très vite se dégrader jusqu'à devenir invivables pour tous. Pour autant, la réussite n'était pas bien loin, ne faut-il pas insister sur le positif quand il y en a ? Aussi bien à la construction du projet que lors de la vie en collectivité avec les bénéficiaires. Personne n'a jamais parlé des rapports humains constructifs, de la parole libérée qui animait les interventions communes, d'une collectivité diversifiée et pourtant réunie sur bien des événements, ou lors des moments de la vie quotidienne. Ne faut-il pas plutôt se rappeler les longues discussions philosophiques entre les bénéficiaires et les « mécréants » que nous étions ? Finalement, des moments d'échanges, souvent très apaisés. Combien de fois ai-je pu avoir ces jeunes gens face à moi ? Ils avaient confiance en une certaine forme d'échanges qui, dans une continuité, j'en reste persuadé, auraient pu faire naître de nombreuses réussites de part et d'autre. J'ai été cité de façon vindicative sur la manière dont j'ai pu décider une jeune fille en recherche d'identité, totalement voilée au départ, mais dont le réel problème était son intimité et la vision qu'elle avait d'elle-même. Comment ces personnes qui n'étaient pas présentes à ce moment-là ont-elles pu juger le travail effectué ? Il aura fallu un réel échange bienveillant pour en arriver à ce que finalement cette jeune fille, en s'engageant vers ce changement, puisse intégrer ce groupe de bénéficiaires. Ce livre retrace donc la vision de ce CPIC qui n'a finalement pas accueilli la population pour laquelle il était dédié. Ce livre met en lumière les programmes et les actions entreprises sous la responsabilité d'un directeur souvent critiqué, mais dont jamais la force et la volonté de réussir n'ont été érodées par les diverses attaques de l'extérieur ou de l'intérieur. Ce livre retrace la vie de ce centre avec des éléments factuels dont aucun acteur extérieur ne peut se prévaloir puisqu'il n'y avait pas accès. Ce livre retrace une histoire humaine incroyable qui a laissé des marques dans la vie de chaque intervenant ou bénéficiaire, bonnes ou mauvaises, mais qui incontestablement auront changé notre manière de voir le monde.

Olivier Martineau

Au cours de cette journée ou le soleil tape au plus fort, sous une chaleur insupportable au plus chaud de celle-ci j'adopte la solution de la tradition espagnole, et rester chez moi derrière le volet fermé, je ne vais pas m'adonner à la coutume de la sieste avec qui je n'ai que très peu d'attirance.

Comme a pu dire Paulo Coelho dans le « Pèlerin de COMPOSTEL », il évoque la relation entre Dieu et les hommes, il pourra affirmer que dans la tradition il existe toujours une relation à dieu, mais souvent par une voie complètement différente de celle que nous suivons sur la route de saint Jacques – tout en croisant des mages, des prêtres, des gitans, des saints qui font des miracles et des démons… Les hommes ont chacun leur chemin qui les mène à Dieu (encore faut-il croire en Dieu !).

La recherche de dieu est une quête intérieure à chacun, pour certains cela peut passer par l'extase, des rituels de tradition que nous pouvons retrouver dans certains cas liés à l'embrigadement sectaire de l'islam radical – tous les chemins ne sont pas identiques… Mais ils les amènent tous au même endroit vers la même quête, le même dieu !

« Dieu n'est pas vengeance, Dieu est amour, son unique punition consiste à obliger celui qui a interrompu une œuvre d'amour à la poursuivre. »

Nous pouvons retrouver dans certaines religions monothéistes des orientations qui permettent à la réflexion de soi sur soi, des instants ou la personne qui se présente, qui est seule et dans le doute pourra se laisser aller et prendre ce chemin pour le mener à sa quête qui n'est toujours celle qu'elle souhaitait « le chemin que tu es en train de faire est le chemin du pouvoir, et seuls les exercices de pouvoir te seront enseignés. Le voyage qui, au début, était torture parce que tu ne souhaitais qu'arriver, commencé à se transformer en plaisir, le plaisir de la quête et de l'aventure. Ainsi, tu nourris tes rêves, qui sont essentiels ». Voilà une très jolie phrase que j'ai pu entendre et entendre et même lire…

Il est dans l'écriture des différentes religions et le rapport à dieu, des rapports avec le combat, la guerre, la conquête de territoire au détriment de la vie – Dans la religion catholique nous pouvons entendre qu'il y a un bon combat, un bon combat qui est celui qui est engagé parce que notre cœur, notre soi intérieur le demande, auparavant les orientations, les choix héroïques de certains chevaliers de conquérir des terres étaient plus simple et facile que de nos jours. – Aujourd'hui, le monde n'est nullement identique et il évolue sans cesse et le bon combat de notre temps c'est déplacé des terrains et champs de bataille pour être une bataille à l'intérieur de nous-mêmes. De nos jours, le bon combat est celui qui s'est engagé au nom de nos rêves, quand ils explosent en nous de toute leur vigueur nécessaire pour nous soulager – une partie de notre jeunesse et aussi des plus âgés non pas appris à lutter, lorsqu'ils sont accompagnés dans cette démarche et qu'après des efforts souvent obligés, ils finissent par l'apprendre, et ils ont se courage au combat que la foi leur a dicté.

Certains se retournent contre eux et au bout du compte deviennent leur principal ennemi, leurs rêves infantiles difficiles à réaliser, ou le fruit de leur méconnaissance et des réalités de la vie, ils vont tuer leurs rêves d'enfance au détriment du « bon combat ». Ils pourront associer à cette mort de leurs rêves le fait de leurs incertitudes de la vie. Ils vont se juger, se jauger par rapport aux autres et donc à eux.

Lorsque nous renonçons à nos rêves d'enfants ou voir d'adolescents, nous ne pouvons trouver la paix intérieure nécessaire à notre construction, à nos souhaits, envies, à nos besoins pour avancer et surtout exister dans ce monde qui va de plus en plus vite – pour trouver cette paix nous traversons la période de voir la mort de nos rêves, mes voir partir, s'éloigner de nous ! Ces rêves qui commencent à pourrir en nous et nous donnent des maux et infestent notre atmosphère. Pour certains, ils peuvent devenir cruels envers les personnes de leur entourage et passer à des actes de violence verbale ou se retourner sur eux cette violence – quand la déception liée à l'échec de ne pouvoir réussir, quand ils ne peuvent éviter le « combat », quand le seul legs qui leur reste se concentrer sur le fait d'avoir autour d'eux un air de moins en moins respirable, et que même certains peuvent désirer la mort comme délivrance de leurs incertitudes… Je suis souvent resté silencieux de longues minutes à essayer de comprendre ce que peut représenter le « bon combat » dans une vie ? Ma vision des choses était certainement orientée et exerçait une pression liée à mon enfance, liée à mon parcours, à mes rencontres et expériences, - mais je reste là souvent à essayer de comprendre pourquoi ?

« Comme un Martyr, je regarde ces désirs invisibles, dans cette rivière à franchir, en cette nuit, pour ne pas être visible – comme une indifférence, je capte aveugle cette créature, dans cette torture immense, j'aperçois qu'elle est pure, comme un ouvrage, je bois ces paroles… Comme une blessure, je te devine, dans cette aveugle coupure, mais tu restes divine… Aujourd'hui je connais le pire sans pouvoir le dire. »

J'ai pu poser ces mots dans mon premier recueil de poèmes en 2021 « Les cent pas de l'ours ». Aujourd'hui, je tombe dessus et je peux admettre que ces maux sont ceux que j'ai pu entendre de certaines ou certaines – ces mots qui ont le sens de la quête sans fin de se laisser aller, guider… abandonner ! L'abandon, cette chose qui ne les quitte pas depuis de longues années, depuis toujours.

Ils ont cette sensation d'abandon, pour certains, ils ont été abandonnés et sont » invisibles » à nos yeux. Ne se retrouver en aucun groupe, être à côté de ce monde fou qui ne veut pas les accepter, ce monde qui opprime, ce monde qui ne veut pas les comprendre et les juge sans savoir.

Ils vont se mettre de côté et se construire ce monde à eux, virtuel dans leur rivière à franchir qui semble n'être que l'eau pure de la vie, l'eau de dieu ! Ils vont dans leurs nuits revivre et se créer un monde à eux qui va les convenir et les tenir « sécurisant » capté par ces créateurs du net qui vont les hypnotiser et les rendre aveugles à la réalité de leurs échanges.

Ils aperçoivent cette lueur, cet ouvrage qui se dessine à leurs yeux et envahit leurs cœurs fragiles – ce cœur ouvert à accepter n'importe qui serait leur donner un soupçon de sensibilité, de compréhension, d'humanitude ! Leur dire simplement « tu existes à mes yeux » et là ! Ils vont se rapprocher à ces mots. Encore ce dimanche 16 octobre 2022 M6 va diffuser un reportage à charge sur la protection de l'enfance comme en 2020 février juste avant la crise de la COVID. Ils stigmatiser les établissements, le travail de prise en charge, les éducateurs et démontrer l'inefficacité des missions avec une absence des départements et du gouvernement pour faire PEUR ! Ils vont faire des ponts et autres parallèles pour bien pointer du doigt que les jeunes sont violents et acteur de la violence de l'institution, que les jeunes se droguent, et que la prostitution est existante devant des éducateurs impuissants et non diplômés.

Certes, rien n'est simple et facile dans la prise en charge au sein des MECS et autres établissements de la protection de l'enfance, certes aujourd'hui et depuis plusieurs années il y a une mutation des situations des jeunes placés – un changement des souhaits des éducateurs, une autre vision globale de la prise en charge et les départements qui mettent la pression sans cesse sur les directions - toutes ces mutations ont favorisé des changements et complexités dans la prise en charge, mais la volonté est toujours là ! L'envie est toujours présente ! Et cela ne sert à rien de venir pointer du doigt certains points sensibles dont nous sommes conscients et œuvrons au quotidien pour améliorer le suivi. Nous traversons une crise globale, un moment de souffrance globalisée ou nous retrouvons du personnel éducatif en souffrance, en grande précarité… Certains éducateurs se retrouvent dans des situations personnelles plus que critiques, en accumulant des problèmes financiers, personnel et psychologique – dans mon expérience de direction au sein de la protection de l'enfance, j'ai pu voir, toucher du doigt et encore. Aujourd'hui en 2023, je vois et j'accompagne quand cela est possible, quand les salariés acceptent d'être aidés et surtout accepte de reconnaître leur situation en courbant l'échine et tendre la main ! Pas simple quand vous êtes en posture d'accompagnant, en posture d'éduquant, en posture d'exemple d'être soit même en échec ! Si je reviens rapidement en arrière de deux années, ces deux dernières années où nous avons tous vécu la crise de la COVID, nous avons tous connu des situations compliquées, dans la protection de l'enfance au sein de nos établissements, nous avons travaillé sans relâche, sans repos, sans congés… sans reconnaissance de notre gouvernement et surtout de notre hiérarchie et dirigeant associatif, j'étais au sein d'une grosse association regroupant plus de 3000 salariés et 95 établissements – je dirigeais un ensemblier de service et une MECS, placement familial, service MNA, accueil d'urgence et autres ! J'ai vu de mes propres yeux et entendu des salariés me dirent « monsieur le directeur, je ne veux pas mourir ! Je veux rentrer chez moi ! » oui, des salariés en pleurent, des arrêts maladie en cascade, des chefs de service à cran avec les mesures de l'ARS qui changeaient deux, trois, quatre fois par jour et nos jeunes en décalage de la situation – au sein d'une MECS (Maison pour enfant à caractère social) j'ai pu faire jusqu'à 16 semaines d'astreintes de suite entre mars 2020 et août 2020 – avec une absence totale de la tête de l'association, des situations ubuesques où notre DG était chez lui et nous 7 jours 7 sur le terrain – sur un accueil d'urgence une nuit un veilleur m'appelle en urgence pour intervenir, à peine arrivée au moment de monter les escaliers pour accéder au service d'urgence, les jeunes m'attendaient dans le noir et me sautent dessus en criant « enculé on va te filer le COVID » ils me touchaient et me crachaient dessus ! Et cela n'est qu'une expérience, il y en a eu des dizaines et des dizaines plus terrible les unes que les autres pendant cette période et je vais dans un prochain ouvrage revenir sur la protection de l'enfance et sur cette période et revenir sur ce qui fait débat cette semaine du 24 au 28 octobre 2022 entre des articles dans la Presse Sud-Ouest fera une page entière le mercredi 26 octobre et le lendemain un direct sur France Inter au 7 h 30 concernant cette nouvelle phrase « file dans ta chambre » est c'est une forme de violence ou pas ? Est-ce que l'on doit interdire à l'enfant l'amener à la frustration ou pas ? Quand nous pensons que nos penseurs du moment passent leur temps et investissent les chaînes de radio et plateaux télévisions comme des pages entières dans la presse sur cette « phrase », je ne comprends rien à notre société ! Et à juste titre, j'ai entendu une psy qui pouvait évoquer que 80 % de ces personnes ne sont pas des professionnels et seulement des charlatans et beaux parleurs – au sein de la protection de l'enfance, nous sommes pour notre part au cœur de ce problème sociétal « l'éducation » cette situation et utilisation de cette « phrase » est prenante dans les MECS – il se peut et arrive que nous puissions solliciter un jeune à se rendre dans sa chambre avec une explication au sens donné ! Nous pouvons nous apercevoir dans certaines situations avec des carences affectives prononcées que les jeunes évoquent cette situation comme une réprimande grave et un rejet.

Au sein de la famille, l'accompagnement de mots déposés à cette phrase est rarement utilisé, beaucoup de parents vont utiliser cette phrase comme une échappatoire et exutoire personnel, éprouvant une frustration devant les mots ou maux déposés par leurs enfants et une incapacité de répondre à leur tour par des mots, il y a dans beaucoup de cas certainement une souffrance de l'enfant, impossible de sa part de verbaliser autrement que par un acte ou violence qui va entraîner un rejet et donc une confirmation que la société ne veut pas de lui. Un non-sens ? Non, une réalité actuelle.

Ces interactions provoquent des situations abandonniques avec cette jeunesse qui peut mal vivre ces injonctions sans explication, juste pour satisfaire le monde des adultes qui sont incapables de mettre un cadre, de dire les choses, de verbaliser une crise… Que sommes-nous devenus ? À quel moment tout a basculé ?

Un jardin ou rien ne bouge,
Au calme des cieux,
Il est comme ce lac rouge,
Aux rives audacieuses.

Un jardin aux longues pensées,
Avec ses craintes et soucis,
Il pleure ces tristes soirées,
Qui l'amène au bout de la nuit.

Un jardin orné de pierres immobiles,
Qui s'émerveille du soleil,
À voir les poissons qui scintillent,
Dans leur plus simple appareil.

Un jardin de regrets,
Avec sa froideur,
Un jardin où l'on naît,
Un jardin où l'on meurt...

En silence dans l'ignorance du monde !

Nous retrouvons et récupérons énormément de ces situations au sein de nos établissements comme les MECS et des jeunes brisés, nous ne pouvons pas expliquer cette situation et de leur côté ils expriment cette multiplicité d'abandon comme une fatalité de leur existence personnelle. J'ai le souvenir en écrivant une chose qui m'a marqué et resté encore aujourd'hui une base de travail et réflexion : le gouvernement va mettre dans un premier temps des instances au sein des départements pour se pencher sur les fins de parcours des jeunes et les échecs de notre système de la protection de l'enfance et la globalité du système social en France. Le secrétaire d'État donc sollicitera les présidents et présidentes de région à organiser des réunions avec les associations sur le thème des « sorties sèches » les jeunes qui quittent notre système et non pas de solutions – nos jeunes que nous accueillons, soutenons, aidons, accompagnons, nourrissons et d'un seul coup il faut tout arrêter, car ils ont 18 ans dans certaines région de France et d'autres acceptent de prolonger par le biais de contrat jeunes majeur jusqu'à 21 pour les plus généreux, mais cela reste à la marge. Certes nous devons malheureusement avoir une date butoir acter une fin de prise en charge, nous ne pouvons sans fin les garder au sein des MECS (Maison pour enfant à caractère sociale) ou dans des services de type APMN « accompagnement personnalisé en milieu naturel » comme en Charente – Maritime ou cela est possible.

Il faut se réinventer et donc œuvrer à revoir notre système et créer des passerelles, comme les APMN (Accompagnement personnalisé en milieu naturel) alors « en milieu naturel » n'est très adapté au sein d'une association de Charente-Maritime le CAFIC ils ont pensé autrement et créer un service AELI (Accompagnement en logement individualisé) terme plus approprié il me semble que le milieu naturel ! avec des salariés en suivi comme un CIP (Chargé d'insertion professionnelle) les accompagner à être autonome sur le sujet de la mobilité en leur faisant passer le permis AM ou ancien BSR pour conduire un scooter – et se scooter est mis à disposition par l'association cela permettant de pouvoir se déplacer pour aller suivre une scolarité ou une formation ou alors son emploi et envisager sereinement de penser au permis B.

Il faut malgré tout avoir un personnel assidu et présent derrière le jeune suivi pour éviter les échecs de parcours – le tout avec une étroite coordination avec les services du département (c'est actuellement le cas sur la Charente-Maritime). La présidente est attentive aux établissements sociaux comme la direction de la DEF « direction enfance famille » ! Dans les trois établissements que je dirige comprenant 7 services différents, nous avons l'écoute des salariés de la DEF du département entre autres sur les orientations et sollicitations de Contrat Jeune Majeur. Tous les départements ne sont pas identiques dans leurs politiques sociales et surtout les salariés des DEF non plus ! Et là c'est terrible que certains ne viennent que pour le salaire ou soient maltraitant avec les jeunes et sans cœur ! Sur le Rhône-Alpes au sein d'une association plus axée sur le chiffre que sur l'enfant, j'ai une expérience de Direction de pôle – un jour une éducatrice du département nous a déposé un jeune de 16 ans avec un sac poubelle ou il y avait quelques fringues sales dedans… Sur une chaise dans un couloir de la MECS ! C'était une situation complexe de par ce jeune perdu et agité par les mouvements et successions de logements proposés ! Oui c'était un jeune dur au demeurant, voir violent avec un dossier comprenant une multitude de plaintes contre lui, certes mais je jeune homme n'a pas souhaité venir au monde pour se retrouver aujourd'hui ici dans ces conditions ! On ne naît pas mauvais, on le devient… Quand vous êtes pris en charge par la protection de l'enfance, il s'avère que nous nous devons d'être un peu au minimum à l'écoute et nous nous devons d'être là pour vous « protéger » je ne pointe aucune dérive pouvant faire les choux gras de certains journaleux avides de relier à BFMTV ou CNEWS ces infos pour encore une fois revoir M6 sur des reportages hallucinants et dégradants pour nos jeunes et nos salariés qui font ce qu'ils peuvent…

Ce jeune était là seul posé sur une chaise ! Elle est partie son éducatrice sans nous prévenir… Elle nous dira plus tard « je n'en pouvais plus avec lui ! » je peux la comprendre, mais elle aurait pu rester un moment pour nous rencontrer et lui dire qu'elle n'y arrivait plus ! Je pense qu'il pouvait l'entendre et même cet échange aurait pu être constructif aussi ! Nous l'avons retrouvé seul sans un mot… Comme je les appelle « des escargots qui portent leur maison sur le dos… un simple sac plastique et que l'on déplace de lieu en lieu sans rarement les investir et demander leur choix ». Il intégrera l'accueil d'urgence et à peine 10 jours après il posera les premiers actes de violence sur le personnel – nous avions à l'époque un bon chef de service certes « mon ami Olivier » qui a quitté cette Mecs et accueil d'urgence pour aller retrouver sa famille et région dans la Sarthe au sein d'une autre Mecs… Il a cette approche auprès des enfants délicate et sensible pour leurs permettre de verbaliser et leur donner de l'attention… cette chaleur humaine !

Il a tout tenté avec ce jeune qui nous fera tout ! Vraiment tout ! Jusqu'à nous agresser avec un couteau… Il sera au quotidien dans violence, alcool, drogue, maltraitance sur les autres jeunes… Un jour je lui propose de l'emmener quelques jours dans un autre établissement en campagne dans la Bresse, il est d'accord de venir avec moi (car nous notre structure MECS était au centre d'un petit village et proche de Lyon avec toutes ces tentations et lien familiaux) au détour d'un rond-point à Villeurbanne, il va sauter de la voiture en marche ! Oui après avoir tenté de la faire alors que je roulais à plus de 100 sur une 4 voie… Pendant que je conduisais, il appelait des personnes pour venir me bloquer et le récupérer ! Il sautera et je n'aurais plus de nouvelles de lui… Puis quelques semaines après les gendarmes l'ont rattrapé et incarcéré pour multiples violences ! C'est malheureusement ainsi… Nous n'avons rien pu faire avec lui, il est arrivé trop tard et trop éloigné d'une possible insertion ! Des situations complexes comme celle-ci, nous en rencontrons trop souvent.

La plupart des jeunes garçons ou filles arrivaient au sein de cette Mecs ou Accueil d'urgence à partir de 16 voire 17 ans, nous n'avions que peu de temps pour les poser, investir les lieux et envisager une suite ! Donc ils pouvaient exprimer que :

« Encore une MECS de merde et rien pour moi, de toute façon vous allez me foutre dehors dès que j'aurais 18 ans donc allez-vous faire foutre ! » Ils ont raison…

Il y avait un directeur de MECS qui m'avait contacté et envoyé un jeune de son établissement pour l'accueillir dans un de nos accueils d'urgence, car il avait fumé dans sa chambre à plusieurs reprises ! Donc une sanction de 15 jours dans un accueil d'urgence ! Terrible pour le jeune… encore une traduction de l'abandon. On l'a gardé 1 mois sans aucun problème ! Il y a cette disparité des directions, des règlements intérieurs des MECS, des cultures et des passions de notre mission, de vie…

Les CEF (Centre éducatif fermé).

J'étais au sein d'une centre éducatif fermé les fameux CEF qui sont décriés et souvent montrés du doigt et c'est aussi pour la raison qu'ils sont cachés et que rien ne sort ! C'est dommage que notre société et autres penseurs soient si critiques et une critique non constructive, une critique destructrice seulement faire mal sans comprendre.

Lors d'une expérience au sein d'un CEF « Centre éducatif fermé » j'ai pu aussi vire cela chaque jour « l'abandon, le rejet ». Lors d'une visite « famille » en Pays de la Loire, je me rends au sein d'une famille avec leur enfant placé pour plus de 50 actes posés de vol de scooter à recel, violence, semble-t-il, et autres… Un vrai dossier de CEF, mais un jeune doté d'une grande sensibilité, intelligent et… Attachant ! Si je peux employer le terme sans offusquer les biens penseurs et autres psys de comptoir de fin de soirées ! Donc nous arrivons tous les deux dans la maison des parents… Un joli pavillon situé dans un quartier résidentiel de bonne fortune, le couple nous attend sur le perron et nous invite dans la cuisine pour échanger autour d'un café – très vite la mère va s'adresser à moi d'un ton très posé et calme et me dira solennellement

« Monsieur nous n'en voulons plus de ça ! Vous pouvez le garder, nous vivons bien sans. »

La conversation ne durera pas et je n'irais pas beaucoup plus loin dans notre échange, la petite sœur de 10 ou 11 ans est présente lors de cet échange, le père ne dira presque rien sans regarder un moment son fils ni la mère, seule la sœur va tenter de capter le regard de son frère qui restera la tête basse tout le long de cet échange. Il n'osera à aucun moment lever la tête et affronter ses parents qui seront encore une fois « abandonniques » et violents, une violence extrême… Atroce pour lui, sa sœur est avec ses parents, « leurs parent » et lui non ! Il n'a plus le droit… Certes, il a posé des actes, des actes ou des questions sans réponses, des questions sans parler, sans mots, impossible à dire !

Une fois monté dans la voiture, il va s'effondrer en larme, je vais arrêter la voiture, descendre et le prendre dans mes bras ! Là encore ce geste fait débat, avons-nous le droit de déposer un sentiment, et le recueillir ? Eh bien, oui, je vais me positionner sans aucune hésitation et oui aujourd'hui, lors de réunion au sein des établissements dont j'ai la direction, je ne favorise pas le contact physique, mais je vais orienter les éducateurs à recueillir si nécessaire cette sollicitation et attente des jeunes.

« Écrire de ces cicatrices pour réapprendre à vivre. »

Au centre de Pontourny établissement « expérimental » accueillant des adultes en voie de radicalisation, les jeunes vont « tous » être sur cet axe « le manque affectif » et des situations « abandonniques » sur différents axes certainement pour un ou deux – la situation « abandonnique » va se situer sur des exclusions consécutivement de collèges, lycées et lycées professionnels presque tous les 6 mois dans les derniers temps de son parcours scolaire. Nous avons beaucoup pu échanger ensemble sur la vie, sans lui donner une consigne particulière – je suis plutôt sur un échange généraliste et intuitif, ou je tente d'ouvrir une porte par un biais qui lui semble être un de ces centres d'intérêt et après je laisse couler et tire le fil de la pelote… Très souvent c'est identique à l'ouverture d'un robinet, c'est fluide, il suffit d'être attentif, écouter sans jugement et alimenter juste ce qu'il faut, apporter cette attention. Il pourra évoquer le fait de ne pas trouver sa place dans cette société, de ne pas trouver sa place dans son quartier, dans toutes les écoles et lycées où il a pu aller ! Il ne sait pas pourquoi ? Le regard des autres ? Certainement, se sent-il incompris ! Il a donc opté pour ne plus communiquer et se renfermer vers l'intérieur, son intérieur à lui – cet autre monde qui lui semble procurer une quiétude, une assurance ? Il ne sait pas, mais au moins il est avec lui dans son Islam radical.

La question est posée de cet abandon, il peut dire que l'éducation nationale ne l'a pas écouté, pas reconnu et rejeté ! Il n'a pas sa place – il dira « si tu ne suis pas en cours tu es exclu par les profs et les élèves » a-t-il raison ou tort ? L'éducation nationale n'est pas cadrant et accueillante.

« Dans ce chemin de mes inspirations, au jour d'une vie de raison, guider par ces détours avancés, aux routes des sentiments dictés. Dans le chemin des situations, tambour battant, naissant des illusions, de l'instant ; je cherche mon chemin. »

Un des jeunes issus du Maine-et-Loire, tout juste 18 ans à son arrivée « agar » je pense qu'encore aujourd'hui il n'a pas compris sa venue au centre de Pontourny – nous avons tenté de lui expliquer...

Ce jeune s'est rendu dans une agence de voyages du 85 pour demander un aller pour simple pour Rakah... Oui un aller simple pour la ville de Rakah, il a demandé le prix en disant :

« OK, merci beaucoup. »

La personne de l'agence va avoir un soupçon de doute et lui dira « jeune homme, il faudrait revenir demain pour votre billet d'avion » le jeune homme reviendra donc le lendemain a l'heure solliciter par l'agence, à la suite elle a informé les services de la gendarmerie locale. Ils l'ont interpellé et la préfète me contactera pour l'accueillir. Nous l'accueillerons quelques jours après son périple ou projet de départ... J'aurais un entretien avec lui pour connaître ses ambitions et ses motivations – il pourra dire :

« Le mec sur internet, il m'a promis de permis tuer ! Avoir une arme... terrible ! »

Comment reprendre tout de suite derrière cela ? Il nous dira cela avec aplomb et des paillettes dans les yeux, il ne comprend pas ce qu'il fait ici et pourquoi on ne le comprend pas ! J'ai essayé et nous avons toute l'équipe essayé de lui faire comprendre son geste et intention, qu'il mette des mots et puisse expliquer « le droit de tuer, l'envie de partir là-bas » je vais prendre un moment pour aller lui acheter des affaires neuves, car il est arrivé sans rien ! Un peu comme dans les mêmes situations de la protection de l'enfance... Lui, il est placé depuis son enfance, il me dira : « J'ai eu je ne sais combien de familles d'accueil et autres établissements, on m'a tellement changé que je ne sais plus ! » Je lui achète des vêtements neufs au moment de passer à la caisse, il pleure ! Et vient contre moi… Je ne bouge pas et accepte son geste sans rien dire ! Il me dit

« Monsieur le directeur, c'est la première fois que l'on m'achète des affaires neuves et que l'on prend du temps pour moi… Pourquoi ? »

Je n'aurais que peu de mots à lui dire : « C'est normal, vous en aviez besoin et nous sommes là pour vous aider, vous écouter et vous accompagner simplement ! »

« Vous n'avez rien, donc c'est normal, de vous acheter ce dont vous avez besoin et envie. »

C'est dès fois perturbant ces situations ou pour nous c'est naturel d'aller acheter des affaires pour soi ou nos enfants… Et même sans merci ! Cela nous remet en place des valeurs simples. Il ne restera pas longtemps au centre, il n'arrive pas à s'intégrer avec les autres jeunes, avec comme tous, des envies de velléités de partir, mais tous sont différents sur les motivations, lui il reste ne marge et même certains le craignent ! Il est imprévisible… Une nuit un éducateur me contacte pour me signifier que ce jeune dort nu à même le sol… L'éducateur a tenté de lui dire que son lit est neuf, le matelas, les draps… Et qu'il peut dormir dessus c'est juste pour lui ! Mais non, le jeune continuera à dormir par terre nu ! Nous étions dotés d'une infirmière psychiatrique qui avait pris une disponibilité de l'hôpital de Chinon pour venir travailler au sien du centre, elle recevra le jeune à plusieurs reprises, il a aussi été reçu quelques fois avec les psychologues de l'équipe de Fethi Bensalama, cependant lui on ne l'a vu qu'une seule fois ! Et dans son équipe une seule psychologue était vraiment compétente « Laure » avec les autres, il a eu des couacs impressionnants même ! Ils ne connaissaient pas le public… Leur responsable avait juste dégotté un juteux contrat « financier » et une vitrine pour lui sans venir il écrira même sur le sujet ? Comme beaucoup d'autres ! Le jeune pour sa part va décompenser en pleine journée… Impressionnant, tout le monde a eu peur ! Les jeunes comme les salariés du centre – il a fallu intervenir et être prudent, car il était ingérable et violent. À la suite et en même temps très rapidement je sollicite le service de psychiatrie de l'hôpital de Chinon pour l'hospitaliser d'autant plus que nous avions notre infirmière du centre était salariée du service psychiatrique de l'hôpital ! Et bien malgré cela fut compliqué, long et périlleux… Il a fallu que je remonte en haut lieu… Le ministère de la santé fut informé qui donnera lieu à l'intervention de la responsable régionale de l'ARS auprès de médecin chef du service de la psychiatrie qui refusait accueillir le jeune de « peur » Certes, je peux comprendre son interrogation et celle du personnel ! Nous y arriverons au bout de plusieurs jours qui seront terrible au centre à gérer, les jeunes évitaient de le croiser dans le parc, comme dans les espaces communs, car nous ne connaissions pas sa réaction ! Enfin, il fut accepté en psychiatrie, mais il a fallu l'accompagner de nuit et avec une équipe d'interventions spéciales de la Gendarmerie « armées » le PSIG nous étions comme dans un film… Une voiture de Gendarmes armés, un camion de pompier et une voiture du centre avec chef de service, psychologue, éducateur et la direction Moi et derrière une autre voiture du PSIG ! Nous voilà partis en pleine nuit pour une éventuelle hospitalisation… Cela sera compliqué avec le chef de service qui nous dira ou me dira tout de suite : « De toute façon je ne la garde pas longtemps ici, c'est trop dangereux ».

Nous repartons quelques minutes après, deux jours après je retourne le voir en psychiatrie, car le chef de service est furax ! Quand j'arrive le jeune est dans sa chambre, attaché à son lit, les pieds et mains et il bave… Atroce à voir ! Il tente de me parler et veut partir de là ! Le chef de service me dit : « Il faut partir avec ! ». Je lui dis : « C'était une obligation de l'attacher comme cela et lui ingurgiter autant de médicaments ? » il me répond : « Je ne prends aucun risque pour le personnel ». Je prends dans la foulé la décision de le ramener au centre, certes je ne mesure rien à ce moment ! Mais impossible de le laisser dans de telles conditions « inhumaines ».

Au retour, les salariés sont mitigés, entre

« Nous n'en voulant pas et on ne sait pas ! »

Oui on ne sait pas où on va… Mais on va l'aider comme on pourra, de toute façon nous n'avons pas beaucoup d'autres choix, le service psychiatrie est dans une forme de maltraitance pour se protéger et personne n'en voudra ailleurs ! Surtout comment expliquer sa situation ? Les jeunes du centre ne pouvaient pas être identifiés par la presse ou autres afin d'éviter de la mettre en danger par des personnes contre le projet du centre.

J'avais de la chance d'avoir dans l'équipe quelques éducateurs motivés et volontaires pour essayer de gérer le quotidien comme on pourra ! Au mieux… Il fallait protéger les autres jeunes et lui être attentif qu'il ne se fasse pas du mal.

La suite de son histoire nous n'en parlerons pas ! C'est terrible pour lui et je n'ai pu rien faire quand le centre a fermé, je suis allé le voir deux fois dans un service de psychiatrie attaché et me suppliant de la faire sortir ! je ne savais pas comment lui dire que NON ! je ne peux plus rien faire pour lui… Encore aujourd'hui en posant ces mots, je n'y arrive pas ! Comment est-ce possible ? Je l'ai abandonné moi aussi, lais je ne savais pas faire autrement.

Et cette jeune fille… Femme ! Oui, femme, car nous allons apprendre quelques jours après son arrivée qu'elle est enceinte ! Oui, enceinte ! Et issu d'un viol… Les choses se compliquent et ce n'était pas prévu au début. D'autant que cette jeune femme ne parle peu et sourit tout le temps ou triste, absente… Son corps est là, mais elle est absente ! Elle est de la région parisienne, elle m'a été envoyée par un préfet qui me dira via la personne dédiée au sein des préfectures :

« Cette jeune femme est radicalisée, il faut s'en occuper ! »

OK, c'est notre mission. Mais elle est enceinte et s'est fait voiler, dans la continuité de la procédure nous allons découvrir qu'elle n'est pas radicalisée, mais victime de son copain. C'était son petit copain, celui qui l'a certainement abusée en présence de sa mère ! Oui sa mère est aussi complice (selon les mots de cette jeune femme) – bref, son copain utilisait son téléphone portable pour aller sur des sites « interdit » et était en lien avec un rabatteur et des personnes radicalisées, mais le portable appartient à cette jeune fille ! Donc sans rien comprendre elle sera obligée de venir au centre de Pontourny ! Nous apprendrons plus tard les choses les unes à la suite des autres, avec des éducateurs qui me disaient en permanence : « Monsieur le directeur, il faut qu'elle sorte et rentre chez elle, elle n'est pas radicalisée ». Mais je me retrouve dans une situation encore incompréhensible et je ne peux rien faire encore ! Il faut faire du chiffre au centre et le remplir pour satisfaire un Premier ministre qui va se présenter aux élections présidentielles et en aucun cas le projet se doit d'être un échec au détriment des jeunes et du personnel ! C'est un ordre d'en haut ! Avec deux personnes à la Direction du GIP qui seront au doigt et à l'œil de cabinet du premier ministre sans jamais se soucier des jeunes adules et de leur situation, juste pour eux protéger leur position professionnelle et envisager l'avenir.

« Je libère ces mots, quand l'émotion ne peut s'adoucir. Je libère mes mots, pour m'exiler en haut des montagnes, afin d'éviter mes luttes et castagnes. Je libère des mots, des absences délaissées, par ce réveil parfumé du temps annoncé. »

Je reviens au sujet principal et le lien avec les jeunes placés – et ces rabatteurs de la prostitution venaient directement devant les murs des établissements chercher les jeunes filles abandonnées et impossible de leur dire non ! Les éducateurs sont impuissants, désemparés face à ces agissements, nous avons tenté à plusieurs reprises de descendre à la rencontre des personnes, tenter de les faire partir, de les raisonner, de relever les plaques d'immatriculations et les donner aux services de gendarmerie… en vain ! Et surtout avec des risques importants de sortir des établissements, et à notre époque nous ne savons sur qui nous pouvons tomber dans la rue en pleine nuit ! Il y a la prostitution, le recel, la drogue et l'embrigadement sectaire ! Ce n'est pas une généralité, mais j'ai pu voir une augmentation des actes et prise de position des jeunes, mais aussi malheureusement de certains salariés ! Là le bât blesse. Lors d'une expérience au sein d'un CEF, Centre éducatif fermé, nous avons pu constater des agissements de basculements identitaires initiés par un veilleur de nuit et un éducateur.

La reconnaissance de notre métier, de nos actions, de notre quotidien :

Le malaise est global, quand on voit que les salaires au sein de la convention 66 celle qui est majoritaire au sein de nos établissements n'a pas vu d'augmentation depuis longtemps ou alors quelques centimes ! Quand on voit des augmentations chez TOTAL de 6 à 8 % plus une prime équivalente à un mois de salaire, je suis content pour eux ! Mais nous au sein de notre corporation, nous ne pouvons pas nous mettre en grève et bloquer le pays pour nous faire entendre ! Non ! Nous on est proche de nos jeunes placés, on ne les lâche pas. Il a fallu se battre déjà pour faire reconnaître le Ségur devenu FORCADE 2 aux maîtresses de maison, animateur et veilleurs de nuit – et encore on laisse sur le carreau le personnel administratif et direction.

Les jeunes de nos établissements peuvent se retrouver victimes de personnes qui vont les endoctriner, les emmener dans une autre voie... Les enrôler pour une cause qui n'est pas la leur mais où ils vont se sentir concernés ! Ce sont des rabatteurs, ils agissent avec des méthodes ancestrales qui ont fait leurs preuves. Cette technique est tout simplement un copier-coller ou dans un jargon militaire « la japonisation ». Daech et autres mouvements extrémistes dans leur combat reprirent ces méthodes, ils ont recruté dans un premier temps des personnes qui sont derrière des écrans et véhiculent des images et musiques sympas sur la toile comme amorçage... Et cela fonctionne très bien ! Ils prennent des « pseudo » qui sont attendrissant comme « lionceau du désert » ou des photos de petits chats... Là ils touchent tout de suite le public de jeunes filles.

Ils vont associer aux photos, voire clip de chevaux qui courent sur une plage avec un soleil couchant et une musique arabe douce... Et encore là ils font mouche très souvent.

Définition de « rabatteur » dans le Larousse illustré :

« Personne ne qui essaie d'emmener la clientèle chez un commerçant, dans une entreprise ou de recruter des adhérents pour un pari. »

« Celui qui se charge d'amener, par divers moyens de propagande, des clients à une entreprise financière ou autres, voire celui qui recrute des prostituées. »

Nous retrouvons bien dans les deux définitions les axes de la mission de ces personnes et leur rôle au sein de la structure manipulatrice.

« Souvent la nuit à rimer avec la mort, j'ai tant de fois oubliée à tort, à défier l'ennui pour cette mort, j'ai quelquefois failli céder mon âme. L'ennui à la mort, l'envie à l'oubli, du désir à la vie, et dès que le masque tombe, je reste prisonnier da sa ferveur. Envie de quitter cette cérémonie impétueuse, de ces sourires sans illusions, souffrir et partir, en un seul soupir, sans un bruit… »

Je donne un exemple de ce que j'ai pu comprendre, et retrouver sur une expérience de vie en regardant en arrière dans les années 76/81. À cette époque, je passais la plupart de mon temps à essuyer mes fonds de culottes sur les bancs du quartier et regarder, comprendre, analyser et poser des questions aux grands qui eux mettaient à exécution leurs pressions et opinions sur les autres. Ils n'avaient pas tous les mêmes méthodes, et elles ne fonctionnaient pas toutes, mais j'ai pu voir et faire le tri de ses différentes techniques. Dans le quartier, il y avait ce jeune homme brun, moyen en taille, trapu ou costaud, les cheveux mi-longs et légèrement ondulés juste des vagues tombants sur la naissance des épaules de sa veste en jean, à cette époque nous étions sous les influences de Mike Brant et les tenues en jean de haut en bas ! Monté sur des bottes de cow-boy en cuir épais.

Il était un copié/collé de cette star de la chanson, il avait même cette démarche avec les jambes arquées, les lunettes de soleil qui vont bien avec et pour finir le tableau ne possédant pas de cheval, car un peu compliqué en ville, il avait cette magnifique « 4 pattes » la Honda 750 four d'un bleu de l'époque le bleu « gauloise » des cigarettes qui se trouvait être le même que l'alpine « berlinette 1600 » et les R8 et R12 « Gordini » des références des années 80. Rien à changer, nous étions aussi sur le paraître et en copie des stars de l'époque ! Mais les stars ou références étaient moins nombreuses et éphémères que de nos jours. Et nous les gamins du quartier, et pour ma part, je le regardais chaque jour en voulant demain lui ressembler !

Je ne savais pas grand-chose de lui et de son travail, voire je ne posais pas de questions car il ne fallait pas poser de questions juste voir et écouter ! Il partait tous les jours vers 14 h 00 à Lyon vers le centre-ville, il sortait de l'immeuble, les lunettes sur les yeux et se dirigeait vers sa moto, le col de son blouson en jean relevé, il ne regardait personne, mais tous les gens présents n'avaient les yeux que sur lui, il lui arrivait de temps en temps de venir vers moi pour me faire un sourire ou une tape sur l'épaule sans rien dire. Quelquefois il pouvait me demander de garder son casque le temps qu'il monte chez lui et redescendre, cela provoquait la jalousie des autres et aussi me positionnait sur la hiérarchie du quartier. Personne n'aurait pensé à toucher sa moto… Personne !

Il partait et revenait en fin de journée pour manger chez sa mère et repartait à la tombée de la nuit pour rentrer à un certain moment à l'aube.

« Agrippés au tableau de ma vie, les mains sans retour, créent des détours imaginaires, aux espaces nus et inachevés. Explorant les désirs, à mes mains fermes, aux origines écorchés, par tant de sagesse découse. Écrivent des maux à l'encre rouge, de mon sang donné, par le grand vide, du paradis comme celui de l'enfer. »

Nous avons cherché longtemps à savoir ce qu'il pouvait bien faire de son temps, quel travail, s'il en avait un ? Il m'aura fallu du temps pour savoir. Un jour à l'aube de mes 16 ans il me proposera de venir avec lui sur le centre de Lyon et aller faire un tour… Expression pour lui « aller travailler » nous sommes allés dans un café du centre dans une petite rue de la place de jacobins et sans rien dire nous sommes restés là… Il ne parlait pas beaucoup, même dans le quartier, je crois que certaines personnes l'ont vu pendant plus des années sans l'avoir entendu sortir un mot sans avoir pu connaître le son de sa voix ! Il était une énigme, une question, une image mobile, une crainte mouvante, une peur présente et pour moi une référence. Nous restions là au comptoir, toujours au bout du comptoir avec la vue sur la porte d'entrée, ou à une table au fond de la salle, mais avec la vue sur l'ensemble du café et de la porte. Il avait sa place à « lui » et le patron ne lui parlait pas mais il connaissait ses habitudes et lui apportait son café.

Il pouvait en boire trois ou quatre de suite, sans dire un mot ! Nous sommes revenus tous les deux plusieurs fois dans ce café.

Il me disait : « Regarde autour de toi et souviens-toi de ce que tu vois ! »

Il notait tout dans sa tête les mouvements des gens autour de lui, les conversations, les présences, les mouvements autour des tables. Nous sommes revenus souvent tous les deux, il était toujours habillé de la même façon, il ne quittait jamais son ensemble en jean. Il pouvait m'arriver de penser qu'il ne dormait pas, ou dormait sans se changer ! Il m'a pris doucement sous son aile et il m'a appris énormément de choses, sans me dire son travail. Un jour, nous sommes partis un soir vers 22 h 00 ou peut-être plus tard sur le centre-ville, il ne prit pas le chemin de son endroit favori et habituel de nos temps partagés. Il roule et s'arrête à proximité de la gare de Perrache, à Lyon nous avions deux gares – celle de Perrache et la Part dieu en centre-ville. La gare de Perrache se situe derrière le centre-ville, à proximité de la prison et dans un quartier ou tu ne sors pas seul et voir pas si tu n'es pas recommandé par un caïd !

Nous nous garons non loin du centre et partons en direction de la gare, peu volubile, il me dit : « Nous allons faire un tour à la gare, je vais te montrer quelque chose, regarde, c'est tout et ne pose pas de question ». Nous marchons l'un à côté de l'autre dans les grandes allées de la gare, ici se trouvent des tas de personnes qui vont prendre leur dernier train et d'autres qui sortent et attendent que l'on vienne les chercher, mais nous avons aussi une population de personnes qui traînent, oisif et ne savent quoi faire, et il y a quelques hommes, de jeunes hommes et de jeunes filles qui sont là par erreur, par peur, pour fuir leur quotidien, fuir leur famille, leur vie actuelle sans savoir ou aller en se disant qu'en regardant les trains passer ils espèrent en prendre un jour et partir loin, partir refaire leur ou en faire une simplement une vrai comme les autres ! Du moins comme ils pensent comme la leur est compliquée voire merdique à leurs yeux.

Nous passons sur les quais, les allées et il regarde de derrière ses lunettes de soleil en fumant ses cigarettes américaines les uns derrières les autres, il laisse bien apparaître sa superbe montre en « or » sa gourmette en « or » et sa bague à son petit doigt de la main gauche avec au bout un seul « ongle » sa démarche n'est ni lente ni rapide, elle est assurée et quand il marche tu es obligé de le regarder… Tu es obligé ! Il ne laisse personne indifférent, il a ce charisme unique. Nous allons faire deux tours et après il me fait signe que nous allons prendre un verre sur une terrasse à l'extérieur de la gare. 23 h 30 le dernier train va partir et aucun n'arrivera, il va regarder sa montre et attendre jusqu'à 00 h 00, à ce moment nous nous levons et nous rentrons dans la gare, au bout de quelques pas, il se retourne et me demande de rester là et regarder. Une jeune fille est assise à même le sol en boule avec un petit sac à ses côtés, elle doit avoir 18, 19 ans, je ne sais pas ! Peut-être moins, il va se diriger vers elle et se plier pour être à son niveau et lui parler à voix basse très près d'elle, je ne sais pas ce qu'il lui dit, mais elle se lèvera et elle le suivra jusqu'au café, je ne les suivrai pas ! Il lui offrira un verre et ils parleront quelques minutes, puis il l'accompagne manger une assiette, car à Lyon nous avons un restaurant ouvert la nuit. Je les suis et je reste à distance pour regarder comme il me l'a demandé, ils vont manger et resteront pas très longtemps peut-être une heure maximum et moi je suis toujours dehors à attendre et regarder ce qui se passe dans la rue la nuit, les va-et-vient des mouvements des gens de nuit. Ils sortiront et ils se dirigent vers un petit hôtel, je me pose la question si je vais devoir rester toute la nuit dehors à l'attendre ? Je ne comprends pas pourquoi il ne me dit pas de partir ou si je dois prendre l'initiative de le faire ! Ils vont rentrer tous les deux… Et quelques minutes plus tard, ils vont ressortir, je regarde inquiet et dans l'attente d'une information, mais rien, il sort une liasse de billets de sa poche, quand je dis une liasse c'est une liasse ! Une vraie liasse de « pascal » des tas de « pascal » ses fameux billets de 500 francs ! Ils étaient magnifiques… Il en sortira une vingtaine au moins, mes yeux brillaient comme ceux de la jeune fille, il en prit un et le tendit de sa main avec la bague à la jeune fille et partit en disant à demain ! Rien de plus… La classe ! La jeune fille comme moi nous nous attendions à autre chose, certainement qu'il lui demande quelque chose en échange ou je ne sais pas, mais nous sommes restés bouche bée !

En partant, il me regarde et voit dans mes yeux mon interrogation et l'attente d'une réponse, d'un mot expliquant son geste. Il restera à me regarder et moi accroché à ses lèvres dans l'attente qu'un mot sorte, un seul mot ! Et je me dis : « C'est le début et plus tard tu comprendras ! » Je n'avais rien compris « le début de quoi ? »

Arrivés au quartier, il me laisse et me propose d'être là demain vers 21 h 00 si cela m'intéresse ! Je réponds à demain. Je ne pouvais en parler à personne, et de doute façon je n'avais envie à aucun moment de partager ces instants passés, à personne ! La nuit fut longue et courte, je ne sais comment cela peut être possible, je l'attendais le lendemain avec impatience et j'étais bien allongé sur mon lit à me laisser aller et rêver d'être… lui !

« Des morceaux de verre brisés, dans mes veines, écorchés par mes gestes désordonnés, j'ai traversé des jardins et palais, comme ces jours de fête. Ou des arbres aux contours architecturaux, exhibaient des feuillages bleuâtres, aux fruits, de rubis, de saphir et d'émeraude, leurs murmures harmonieux, triomphant de moi. À l'embrasement de mon aurore, aux lueurs de parfums inconnus, je suis resté à oser de leur absence, pénétrant ces âmes. De ces corps saluant l'aube venue, je me perdis dans ces mouvements et pauses, voués de ces parures aux bassins d'or. Comme un calife aux visions constellées de diamants, aux matins devenus mirages, ce trouble est encore présent, dans cette chambre vide, ou seule mon ombre avance avec peine, je reste l'esclave de moi-même… »

Un autre jour viendra…

Le lendemain soir, j'étais présent et à l'heure au même endroit la moto arriva au loin, je pouvais l'entendre avec son bruit de moteur particulier. Comme à son habitude il ne parle pas et attend que je monte ou la chevauche, il démarre tranquillement et se dirige sur les grands boulevards de la ville en direction du centre. Nous traversons les feux qui s'allument les uns après les autres au vert, ils nous ouvrent le bal. Nous arrivons devant l'hôtel, elle est là debout devant à attendre comme s'il elle savait que nous arrivions, elle se dirige vers la moto et un sourire s'accroche à son visage et celui-ci s'éclaircît au fur et à mesure de son avancée. Il descendit et d'un geste enlève son casque et passe sa main dans ses cheveux, puis sans rien dire sort ses lunettes de soleil.

« Salut ! Tu vas bien ? » lui dit-il.

« Ça va, et merci pour tout ! »

« Non de rien, prends soin de toi, tu mérites que l'on s'occupe de toi. »

« Merci. »

« Tu as mangé ? Aller On va manger un morceau tous les trois ! »

Il nous invita dans un petit restaurant sympathique derrière la place bellecour côté vieux Lyon, nous avions « carte blanche » sur la carte. Nous avons passé un super moment, je découvrais une autre personne calme, abordable, à l'écoute… Nous étions aux anges ! Le repas passa vite et il nous proposa d'aller au cinéma. Je ne vis pas passer la soirée et vite minuit arriva et la nuit tombait, nous allons raccompagner la jeune fille à l'hôtel ou il règle encore cinq autres nuits, et lui dira » je vais voir pour après te trouver quelque chose à toi ! » je sentis la jeune fille heureuse et ne sachant quoi dire et faire, je sentais qu'elle avait envie de faire plaisir, ses yeux brillaient et ses lèvres s'ouvraient voulant dire des mots, voulant exprimer des choses, mais elle n'osait pas. Je ne suis pas revenu avec lui les jours suivants, puis quatre jours plus tard il passa devant moi à moto et d'un geste me fit comprendre de monter avec lui. Il prit une autre route que le centre-ville, nous nous dirigeons vers les quartiers extérieurs, il s'arrête devant un immeuble de trois étages.

On descend là, nous rentrons dans l'immeuble et il ouvre la première porte d'un appartement au RDC, c'est un appartement meublé et bien meublé avec télévision et tout le confort. La jeune fille est là sur le canapé, elle écoute la musique en fumant une cigarette, elle l'embrasse à notre arrivée et reste collée à son cou, je devine qu'ils sont ensemble et c'est le pourquoi de cette absence de quatre jours, il n'est pas pareil avec elle et diffèrent de notre dernière rencontre, il est plus directif et lui donne des ordres, d'aller chercher un café, de baisser la musique, de faire cela, et autre chose et elle s'exerce à chaque ordre. Une autre relation s'est installée entre eux !

Nous ne resterons pas très longtemps et il l'informe que ce soir il viendra la chercher pour la sortir un peu, aller en boîte pour s'amuser… Mais pas moi !

Je reverrai cette jeune fille deux autres fois, dix et quinze jours plus tard, elle avait changé de façon de faire, de vivre, de penser, de s'habiller. Elle était différente acquise à sa cause, fidèle au doigt et à l'œil au moindre geste ou désir. Elle ne voyait que lui, que par lui ! Puis nous n'en plus parlé, aucune nouvelle d'elle ! Je n'ai jamais posé de question, on ne pose pas de questions ! !

J'ai appris des années après son départ à lui, car il partit un soir sur sa moto et il ne revint jamais, qu'il était un rabatteur pour le compte d'une personne, un rabatteur pour la prostitution. Depuis plus de dix ou douze années, il a travaillé pour cette personne, puis il est parti sans rien dire, sans un mot, pour aller je ne sais où ! Nous n'avons jamais eu de ses nouvelles, par personne. Lui aussi il a dû faire le même voyage…

« À l'aube de cette sensation étrange, je déchire mes rêves, pour renaître de leur ignorance et peindre cette page blanche. »

Les rabatteurs du Net utilisent les mêmes méthodes que ceux d'hier, ils valorisent, entretiennent de bonnes relations, donnent sans retour immédiat et restent présents à chaque besoin sans poser de questions… Et d'un seul coup piquent comme l'abeille, tissent leur toile comme l'araignée, et une fois pris au piège des sentiments, ils laissent aller jusqu'au moment opportun de refermer la porte !

Aujourd'hui, comme hier qui est proche, nous cherchons un sens commun à cette emprise sectaire, cet embrigadement, une démarche ou une quête de rejoindre cet idéal qui nous paraît lointain si incompréhensible pour nous… Depuis le début des années 2000 peut-être même avant des personnes tentent de travailler la question et essayent de définir la notion même de radicalisation, nous étions dans un premier temps dans une logique « *d'empêcher* » de partir sans comprendre et sanctionner, puis le législateur a permis depuis peu d'interagir avant cette étape et d'aller comprendre pourquoi.

Les enjeux de l'offre et la demande, cette offre centrée sur l'évolution du conflit au proche orient peut-elle attirer ces jeunes et pourquoi ? Pour quel but et quel sens donner ? Une jeune fille qui n'est pas issue d'une culture musulmane peut-elle basculer dans une idéologie très précise et devenir candidate pour aller faire le djihad, et, partir mourir pour cette cause ?

Les différents modes extrémistes liés à une cause violente :

Il m'est par moment arrivé de me poser la question comment et par quelle manière pouvons-nous sauver nos rêves d'enfant, nos rêves à nous ! Ceux qui nous guident ? Faut-il aller vers la générosité ?

Ces rêves d'espoir perdus souvent de notre enfance, notre adolescence, plongée dans cette innocence de croire en la vie, de croire aux autres et de ne pas penser au mal – l'esprit libre de vouloir pour certain se dire que « partir » peut-être aussi aller faire de l'humanitaire… Ont-ils vraiment cette envie ? Sont-ils conscients de se cet acte ? Dans des récits et rencontres, certains et des femmes aussi me diront : « Oui, j'ai voulu aller là-bas pour la bonne cause, il m'a dit cela et ses mots étaient juste honnêtes ! » voilé par ces nuits blanches de doute, de perte de sens où ils sont seuls dans leur monde, dans leur vie, dans leur famille - plus personne ne les comprend et ne les regarde ! Ils disparaissent doucement dans cette société qui va de plus e plus vite, dans cette société ou il faut rentrer dans des cases.

Lors d'entretien ou simple échange avec des personnes liées à l'embrigadement, j'ai pu entendre dans leurs paroles – que cette douleur physique devenait dans un second temps spirituel, ils avaient connu une forme de culpabilité, de remords, d'indécision... voir de lâcheté, cette lâcheté de ne pouvoir se battre, de dire des choses, de montrer qu'ils existent. Les mots ont une grande importance, mais surtout ils ont une importance dans leurs utilisations et la forme de compréhension que nous souhaitons leur donner et faire apprécier aux lecteurs. Leur quête est liée aux mots, aux maux qu'ils ne maîtrisent pas – lorsqu'ils ont pu m'expliquer qu'ils cherchaient à gagner les faveurs de cette force supérieure qui les appellent, les captent, les commandes – ils pensent devenir instruit et acquérir une certaine connaissance qui leur donnera la puissance divine, cet instrument qui leur donne une certaine force, la force attendue.

Quand nous essayons de rentrer dans cette conversation, ils s'enfuient sans tenter une confrontation, car ils pensent savoir et nous non ! Non, nous ne pouvons pas les comprendre.

Par moment, lorsqu'ils étaient seuls, nous essayons de comprendre leur vision, ce qui les captent et ils vont pour certains expliquer un début de doute, d'incertitude au sein de leur vie personnelle – une situation complexe pouvant poser comme mot la solitude, l'isolement, voire l'incompréhension par le rejet... L'abandon.

J'ai dit oui tout de suite !

Décembre 2015, je suis en CDD au sein du Département du Maine et Loir en qualité de responsable « protection de l'enfance et prévention » je sors juste d'une fin de CDI dans CEF (Centre éducatif fermé – ordonnance 45) je chemine depuis des années sur ce « sujet » ce thème tendancieux de l'embrigadement cultuel et la « radicalisation ». Nous venons de traverser les attentats de Charlie Hebdo et ceux du Bataclan, la France et l'Europe sont pris sous une tempête d'actes de terrorisme sans comprendre les actes. Des attentats frappent de partout, dans toutes les villes, de la plus petite à la plus grande, des actes de toutes sortes, des attentats au couteau, machette, bouteille de gaz dans des coffres de voiture, des agressions de policiers, de prêtres ! oui au sein des églises… Impensable ! L'état tente de répondre aux angoisses, inquiétudes de la population, l'état tente de mettre en place des mesures de sécurité avec des dérives et des erreurs… Mais pouvons-nous les pointer du doigt ? non en aucun cas ! nous sommes perdus ! nous sommes sans mots pour signifier ces actes, tous ces morts…

Comme beaucoup de monde voir tout le monde je suis devant mon écran de télévision les actualités en boucle, j'écoute pour ma part France Inter et je lis tous les journaux que je trouve à lire ! je cherche à comprendre… Pourquoi ? Pourquoi ces hommes et femmes partent ou restent sur le territoire pour se sacrifier pour une cause, pour un homme, pour un dieu et mourir ! pourquoi ?

J'ai cette chanson de Souchon : « Abderrahmane, Martin ou David et si le ciel était vide… tant de processions, tant de têtes inclinées, tant de capuchons, tant de peur souhaitée… Tant de mains pressées, de prières empressées ! »

J'écoute sans cesse ces mots déposés ! a-t-il raison ? tant de choses pour une chose que l'on ne connaît pas, tant de choses et d'actes pour une personne que l'on ne connaît pas !

« Tant de torpeurs, de musiques antalgiques ! » Oui, il a raison encore là des musiques antalgiques… Combien de fois j'ai entendu dire que les musiques qui accompagnent les clips des rabatteurs du Net sont antalgiques ! « Tant d'antidouleurs dans ces jolis cantiques », « tant de questions et tant de mystères », « tant de compassions et tant de revolvers ». Il a pointé juste Alain Souchon il a frappé juste en toute simplicité avec des mots vrais qui posent question, qui interrogent pourquoi ? pourquoi ils y vont là-bas ?

Je suis chez moi devant ma cheminée et je regarde le feu crépiter doucement, je suis captivé par les flammes… Captivé ! comme eux par des images du net, comme eux par des mots déposés, comme eux je ne pense plus ! comme eux je me laisse aller et guider par ce feu naissant en moi. Je suis là et pas là, peut-être ailleurs et où ? je suis présent assis et mon esprit est captivé, mon âme voit autre chose et se trouve transportée par le feu, cette chaleur qui me porte, m'envahit, me donne cette douceur et me pose, me réconforte !

Qu'est-ce qui nous amène à prendre cette décision si rapidement et dire oui tout de suite ?

« Et si le ciel était vide ? »

Si toutes ces balles traçantes, toutes les armes de poings, toutes les femmes ignorantes, ces enfants orphelins, si ces vies qui chavirent, ces yeux mouillés et si ce n'était que du plaisir ? celui de seulement et simplement zigouiller ! »

Et malgré cela, *j'ai dit oui tout de suite !* et je ne reviendrais pas dessus, encore aujourd'hui je dis oui de suite pour recommencer, pour mener une action, une expérience, un projet !

Et si le ciel était vide ? cette image d'un dieu, idolâtrer un homme pour tuer ! Sachant que lui, il n'est plus là pour parler, pour dire, seulement des hommes, d'autres hommes qui parlent pour lui et lui font dire et acter des choses des mots... Sommes-nous sûrs qu'il aurait dit la même chose ? et même là je me permets de l'évoquer comme s'il existait. Terrible cette croyance et ce que nous récoltons des autres !

Je me souviens, quand j'ai pris plusieurs pages blanches et je me suis assis au bureau de cette maison à Matheflon commune de Seiches sur le Loir 49 - une demeure le long de la rivière le Loir, en surplomb, elle est de 1528... Elle a en elle une histoire et encore plus, elle fut construite par un prêtre défroqué, qui va construite sa maison avec les pierres du château non loin détruit d'un feu pendant une guerre. Cette maison a certainement eu un impact dans une décision ? je ne sais pas, mais elle a pu me poser et me donner cette force, que j'ai depuis longtemps, et cette envie de « faire » cette envie « d'agir » de saisir ces opportunités que la vie nous offre. J'ai toujours opté pour d'abord me saisir de ce que la vie m'offrait, y aller ! puis en faire sortir l'essence, celle qui va me nourrir, et si toutefois ce n'est pas le cas et bien ce n'est pas grave, je me dis que je dois absolument trouver et en traduire une action positive ! être positif est moins fatiguant… Mais certes ! fatiguant aussi au quotidien de vivre avec une personne qui se lance dans chaque projet qui se présente à lui ! cette façon et action de juger sans savoir, sans comprendre ! et si des personnes ont besoin de cela pour vivre, se construire, exister, se sentir bien ! est-ce mauvais ? pourquoi être différent est-il dérangeant ?

J'écris ces quelques pages avec mes mots expliquant ma vision des choses sur le sujet – je vois sur internet que M. Pierre N'gahane secrétaire Général du CIPDR, Comité interministériel de la protection contre la délinquance et la radicalisation (c'est lui qui a fait rajouter le « R » et mis en place le numéro vert ! pas rien et personne n'en parle – il quittera ses fonctions peu de temps après le début du programme, départ début août 2016 et il sera remplacé par Muriel Domenach, ancienne ambassadrice qui est parachutée juste à l'ouverture, j'y reviens après !)

Je mets sous plis mon courrier et l'envoie, je pars au ski avec mes enfants, comme traditionnellement aux Contamines Montjoie ou nous avons une belle-sœur (du moins une sœur à mon ex-femme) cette année-là il y a de la neige et nous profitons de ces moments pour oublier le quotidien, certes nous sommes des privilégiés (je n'y peux rien et cela n'a toujours été le cas dans ma vie) nous restons aussi comme chaque fois, une semaine – certes je n'arrive pas à être plus longtemps en vacances, j'ai besoin de revenir au travail, cette fois peut-être un peu diffèrent, il s'avère que je n'arrive pas à trouver ma place au sien de cette équipe ou ils ne m'acceptent pas. Ils sont durs mais je passe outre ! Ils font tout pour me mettre de côté que cela soit sur le temps de la pause déjeuner, mes informations que sur les temps de réunions. Cela va durer 6 mois, je vais subir cette forme de harcèlement, rejet et abandon de tout le monde ! Je décide de ne pas lâcher et ne pas leur montrer qu'ils pourraient avoir gagné. Non ! je reste droit et je garde la tête haute ! Je peux comprendre des salariés qui dépriment, soient en burn-out, voir se suicide… Oui j'ose dire le mot « suicide » car la violence du monde professionnel est comme dans ces cours de récréation de notre enfance, de nos maternelle et primaire, collège d'une grande violence nous en avons des exemples trop souvent ! mais nous sommes des adultes et parents ! là c'est difficile à comprendre et encore plus dans le secteur social. J'ai tenu sans rien dire à personne, à personne !

J'ai un parcours de plus atypique, quittant le collège en 6e après avoir redoubler certes un système non adapté pour tous ou si tu suis c'est bien, sinon « au revoir M. le Cancre ! » elle est belle l'éducation nationale. Je n'ai pas trouvé ma place, et est-ce que j'avais ma place ? oui j'avais envie de faire des études, j'avais envie d'aller au Bac comme beaucoup de monde, puis la FAC ! étudier… Mais non pas possible, d'abord mon père, mon défunt père avait un mode éducatif assez direct avec un approche plutôt « physique » – il avait la main légère et volage ! Sans compter le fameux « martinet » et autre gaine de la cuisinière – si à cette époque il y avait eu un système de protection de l'enfance identique à aujourd'hui, j'aurais été placé rapidement.

Bon, je passe cette période et je reviens à cette lettre envoyée – le temps va passer et nous arrivons en mai 2016, je reçois un appel de Paris et je crois que c'est un pote « John » et je réponds tout de suite « arrête tes conneries John ! » et je raccroche tout de suite en rigolant « merde il est con ce mec ! » On a tellement déconné ensemble dans le cadre du rugby sur Seiches sur le Loir, c'était même pour nous un sport quotidien de faire des farces et autres bêtises lors des entraînements, lors des matchs à l'extérieur et déplacements, nous prenions notre voiture personnelle et partions quelques minutes avant le bus des joueurs et supporteurs… Nous arrivions les premiers au lieu du match et nous appelions un dirigeant présent dans le bus pour les informer d'une déviation ou autre souci sur la route ! certes en écrivant je rigole tout seul en souvenant des réactions en arrivant… C'est puéril peut-être ! mais on était mort de rire… On en a fait des dizaines et dizaines de tous types de conneries et autres blagues ! Et des matchs. Mais mon téléphone sonne de nouveau et le même numéro, je décroche et la personne me dit : « Non, ce n'est pas John, le ministère le CIPDR précisément, je suis le préfet ». Ha mince « pardon » il reprend : « Pas de soucis, juste échanger avec vous sur votre courrier du 15 décembre 2015. » Putain ! le fameux courrier, je l'avais presque oublié celui-là ! OK, bonjour !

« On veut vous voir demain matin 9 h 00 au ministère de l'outre-mer, bonne journée ! »

Il est 8 h 30, Mercredi 16 mai 2016 ! Je raccroche et je reste sans mot… J'appelle Ali mon ami qui avait eu vent de projet, il a été salarié comme directeur au sein de la PJJ et il avait eu des informations de la mise en place d'un pseudo-projet de ce type – il va me dire : « Je ne sais rien ! » « Juste que c'est bien, super, mais c'est casse-gueule ! »

Nous allons échanger un long moment et il m'explique que le sujet et tendancieux et complexe, il y a des risques ! Des risques importants, voire très importants… Je sais où je ne sais pas encore, mais je veux y aller ! Je pose une journée et je monte à Paris pour le rendez-vous – notre entretien aura lieu au ministère de l'Outre-mer boulevard des Invalides, je suis monté en voiture – je n'aime pas prendre les transports en commun et me retrouver être dans l'obligation des horaires et avoir des contraintes. Je me mets sur BlaBlaCar et très rapidement je trouve trois personnes pour monter sur Paris avec moi, une femme va voir son mari qui est agent de sécurité pour un évènement, elle fait l'aller-retour dans la journée – un jeune vient lui comme moi pour un entretien d'embauche – je le dépose vers la tour Montparnasse et le troisième un officier supérieur à la retraite monte sur Paris. Nous échangerons tout le long du voyage et je ne verrais pas le temps passé ! cela me permettra ne pas y penser… Paris n'est pas forcément la ville où j'apprécie le plus aller.

Je traverse la ville, mais comme à chaque fois, j'ai entre deux et trois heures devant moi ! je trouve rapidement une place juste à 100 mètres de l'entrée du ministère, je passe devant pour bien préparer ma venue à l'heure convenue – je fais toujours un repérage des lieux et calcul du temps pour ne jamais être en retard et éviter le stress. Je me rends compte que je suis tout proche du siège du club du Racing 92 ! incroyable coïncidence… Un signe ! je tente de rentrer, mais non ! ce n'est pas possible – je me mets sur le trottoir d'en face et je regarde ce bâtiment majestueux et j'imagine l'intérieur en fermant les yeux, tous les noms des grands joueurs défilent dans ma tête, je les vois courir, j'entends les cris de supporteurs, l'odeur des vestiaires… C'est un apaisement total, je me retrouve en Moi ! Le rugby est depuis longtemps pour moi ce fil rouge, cette ligne que je tente de suivre et garder droite malgré mes dérives nocturnes et aussi professionnelles. Je marche dans les rues en notant les noms afin de me repérer – je compte « droite, tout droit, une boulangerie à l'angle, une banque, gauche… » puis, je fais demi-tour ! je reviens sur mes pas et je reprends les noms des rues… Tiens, le petit restaurant a l'air sympa ! je pousse la porte et je me mets au comptoir, j'aime cette chaleur du comptoir, cette proximité… La sensation qu'il procure.

Je prends un café, il est 8 h 00 -j'ouvre le journal posé sur le comptoir et regarde les infos du monde dans un premier temps, puis la page des sports ensuite. Un, deux, trois cafés… L'heure tourne vite et 9 h 00 arrive ! je paye le patron en laissant un pourboire à la serveuse et je reprends mon chemin inverse en repassant devant le siège du Racing une dernière fois, je me laisse aller à penser…

« Mes mains ont perdu le nom de ces papillons qui s'envolent aux vents d'hiver, au-dessus des murailles de mes nuits. J'ai perdu le nom de ces maigres gazelles, à leurs veines saillantes dans l'étonnement de mes nuits noires. Je me noie, ivre dans ce puits desséché de mes extases sans loi sans aucune limite des corps dérobés. Je peux tenter de panser ce désert de mes mains douloureuses, de leur pureté salée cousue de mon désespoir… »

J'ouvre les yeux et je suis toujours là !

Je me dirige vers l'entrée du ministère – une cohorte de vigiles son devant à la suite des attentats et au plan « Vigipirate » il faut franchir une succession de barrage et autres contrôles et montrer patte blanche ! je décline mon identité puis un agent m'accompagne dans ce labyrinthe de couloirs et escaliers… Nous arrivons au bout de quelques minutes dans un grand couloir au sol une moquette bordeaux très agréable et confortable (mais je pense aux femmes de ménage qui doivent galérer pour le nettoyage). L'agent me demande de m'asseoir ici et attendre que l'on vienne me chercher.

Étrange situation, je suis là assis dans ce ministère, oui un ministère ! incroyable… Incroyable pour moi ce gamin de quartier, ce mec qui a connu pleins de choses et la galère… Ce mec simple qui n'aurait jamais pensé un jour se retrouver ici dans un ministère ! merde incroyable. Je n'ai rien ne dit à personne ! juste mon ex et Ali à qui j'avais demandé des informations – pour les autres, rien ! D'abord, je ne suis pas la personne qui se raconte et raconte sa vie, puis compliqué à expliquer ou je vais et je ne sais pas vraiment ce qui m'attend là-bas ! On m'a dit simplement « il faut venir, on veut vous voir et échanger avec vous ». Au bout de 15 ou 20 minutes, difficile d'évaluer le temps à ce moment, car des images me viennent et défilent sans cesse. Bref, une femme arrive et me demande de la suivre – on arrive dans un grand bureau « immense » et sombre. Un homme reçoit en costume gris, il a devant lui un dossier ou est indiqué mon nom dessus et prénom, il l'ouvre document et sort des documents autour de lui… Puis il ouvre une enveloppe et à l'intérieur mon dossier envoyé en décembre 2015, je revois mon écriture, dessus il y a des annotations, des mots soulignés et des d'autres en rouge ! Il va lire mon courrier à voix haute, puis me pose la question « pourquoi vouloir travailler et vous positionner sur ce sujet et thème si complexe ? »

Pourquoi j'ai décidé de vous écrire ce courrier et pourquoi j'ai accepté de venir à votre rendez-vous ? je ne sais pas si cela est un rendez-vous ou un entretien ? C'est un ensemble de choses je pourrais dire ! entre la situation actuelle que nous vivons tous, les derniers évènements survenus que nous avons tous subis, l'intérêt du gouvernement de réfléchir à quoi faire ? et comment faire ? et moi ! oui moi et mon expérience, ma vie, mes connaissances, moi ! juste moi ! Je sais qui je suis et ce dont je suis capable ! Nous échangeons pendant plus de deux ou trois heures, il me pose des tas de questions

– cet exercice-là je suis à l'aise et depuis longtemps. Je m'exerce devant ma glace et depuis quelques années j'accompagne et aide des personnes autour de moi à prendre confiance en eux, à se découvrir, à structurer leur expérience, leur discours et se valoriser ! Un moment pendant notre échange, je dois me pencher légèrement pour attraper mon stylo qui tombe et je m'aperçois que le mec en face de moi a des chaussettes « fantaisies » je rigole intérieurement, car moi aussi je porte des chaussettes fantaisies ! Et ce mec ; je me dis il ne doit pas être mauvais ! mais je ne sais pas qui il est ? sa présentation fut rapide (je comprendrais plus tard dans les mois à venir son rôle, travail et mission – et surtout d'où il vient).

Nous échangeons pendant plus de trois heures sur des tas de sujets et il finira par me dire : « M. le Premier ministre a des points communs importants avec votre projet et c'est certainement un plus ! comme : la tenue uniforme, le drapeau et La Marseillaise chantée une fois par semaine, il a apprécié ! »

« Oui ! pour ma part, je suis attaché à cela dans le projet et j'y vois un sens. »

On me dira plus tard, courant 2017, que le Premier ministre l'avait inscrit dans le « bleu de Matignon ».

Au bout de la journée, on me raccompagne à l'accueil et une personne me dit « on vous rappellera pour vous donner une suite ou pas ! » nous traversons une enfilade de couleurs au sol recouvert d'une moquette bordeaux, une enfilade de bureaux, ouverts ou fermés, des gens à l'intérieur aux portes ouvertes… Aucune véritable vie !

« Prisonnier de mes pensées, aux paroles éclatées, aux regards intimes, recueillis dans ces mains sans vie. Epris de cette cérémonie, voilà le grand jour, pour une nouvelle aventure, sans rature. Promis aux fêtes réservées, il faut attendre et signer, de la sève de ces fleurs, s'offrant à ma perdition. »

Je récupère mon véhicule les deux personnes de BlaBlaCar dont la dame du matin et nous faisons la route du retour vers Angers – la jeune dame nous explique sa journée avec son ami qui travaille comme agent de sécurité et sans contrat (il est d'origine africaine) Ils ne se sont pas vus depuis quelques semaines, elle pourra dire que les matériaux mis à disposition comme lieu « dortoir » sont précaires et pas adaptés... Mais au moins il travaille ! Que dire ? on pourrait aller faire une manifestation ou déclarer son employeur, mais il perdrait son travail ! donc on ne dit rien... Aujourd4hui lors de l'écriture de cet essai, je dirige un service MNA Mineurs non Accompagnées en situation d'attente de papiers et de régularisation, je suis concerné par ces choses-là ! et encore de nos jours on peut lire et entendre que même la France fait travailler des salariés sans papiers qui ne peuvent dire, qui ne peuvent exprimer, qui ne peuvent que se taire ! Pendant que d'autres se remplissent les poches sur leur compte et les lâcheront au moindre problème... Le trajet retour passera vite... trop vite même, je n'ai pas pensé une seconde à mon entretien et de plus, je suis en poste donc aucun souci, si celui-ci n'aboutit pas ! aucun regret. J'arrive chez moi, je me dépose mon costume bleu marine et j'avais mis une cravate aux tons de rouge et des emblèmes de pays de Rugby en lien avec le tournoi des 6 nations, surtout la France et le Pays de galles, car cette cravate est l'officielle du match France/Pays de galles et une victoire de la France lors du tournoi de 6 nations. À chaque entretien professionnel, je mets une cravate d'un match du tournoi des 6 nations et j'essaie que ce soit une victoire française... Je monte au premier étage me déshabiller et me mettre à préparer le repas, mon ex-femme est sur ordinateur au bureau, sérieuse comme d'habitude, imperturbable avec en fond la télévision un programme qu'elle a choisi et qu'elle n'en regarde pas, mais en aucun cas il faut le changer ! Je me mets aux fourneaux et prépare le repas du soir sans un mot, sans un bruit, mon fils est sur son ordinateur et ma fille n'est pas présente en semaine, elle est en internat. Le repas comme la soirée se dérouleront comme à leurs habitudes sans aucune émotion ni vie familiale, mais je me suis construit un monde parallèle certainement virtuel et une carapace qui me tient et m'emmène ailleurs, dans un ailleurs ! Je réfléchis le soir en faisant du vélo d'appartement et autres exercices physiques, puis une bonne nuit – je verrais bien demain, car demain il faut que je retourne au travail et me confronter à eux tous à ceux qui me rejette… Il peut m'arriver aujourd'hui de me dire comment j'ai fait pour accepter et vivre tout cela sans rien dire, sans rien faire… Accepter en silence ! se murer de l'intérieur. C'est aussi cette expérience qui m'a permis de comprendre et mettre de nouveaux mots sur le « rejet et abandon » voire « maltraitance » bref… C'était hier et on ne change pas le passé, on vit avec, on avance avec ! on comprend plus tard pourquoi ? ou pas ! « On a été, on est et on sera. » La nuit j'ai pour une habitude d'avoir un sommeil assez réparateur et calme, je peux m'endormir en quelques secondes… Me réveiller et me lever, puis retourner me coucher et me rendormir aussi rapidement, il met même arriver de reprendre un rêve et le finir ! Cette nuit-là, je vais bien dormir comme une intuition en moi ! quelque chose qui mène… Cette sensation d'adrénaline ! Je suis seul avec cette journée passée.

Le lendemain est identique aux autres, et au moment d'arriver au travail… 8 h 30 ou 45 ! mon portable sonne ! le numéro du mec de Paris (oui, car par habitude, je note les numéros et je mets un nom ou un prénom – comme cela quand la personne me recontacte au moment de décrocher je peux dire « Bonjour madame ou monsieur Intel » c'est souvent déstabilisant pour eux et noté comme un point positif) je décroche : Bonjour M… Il est étonné que je reconnaisse son numéro et un silence s'installe – heu oui ! « Bonjour M. CHASSON je reviens vers vous concernant notre entretien d'hier, nous avons pris une décision et en haut lieu aussi ce fut acté nous souhaitons vous proposer de venir travailler avec nous et que vous montiez pour le cabinet du Premier ministre le "centre de Pontourny" si possible vous devriez commencer dans 48 heures ! »

Je vous remercie et je vous tiens au courant pour une mise à disposition aussi rapide, il faut que je sollicite le DGA du département, je vous tiens au courant dans la journée !

Il est 9 h 00, je suis au sein de la Maison départementale de Baugé 49 (Maine-et-Loire) calme, serein… Je décroche le combiné de mon bureau et j'appelle la secrétaire du DGA à Angers » bonjour, j'ai besoin de voir aujourd'hui en urgence le DGA ! »

« Ah bon ! pourquoi ? »

« C'est personnel et important ! »

« Pardon, mais il me faut une explication ! »

« OK, pas simple ! vous lui dites que j'ai besoin de la voire en urgence, je dois quitter mon poste pour aller travailler pour le Premier ministre. »

À ce moment, je me demande si je rêve ? est-ce que j'ai dit un truc étrange ? merde-moi le mec de nulle part… La femme au bout du fil ne comprend pas non plus et me demande de recommencer ma phrase : « Vous me dites que vous devez partir pour aller travailler pour le Premier ministre ? c'est ça ? Ou je me suis trompé ? »

« Non c'est bien ça ! »

« Vous savez, il le prendra mal si cela est faux ! »

« Madame ! dites-lui et donner moi un créneau pour aujourd'hui, oui je sais c'est certainement gros comme annonce, mais c'est ainsi ! »

Elle me donne 11 h 00 aujourd'hui « il n'aura pas trop longtemps à vous consacrer, je vais lui dire la raison – j'espère que sait vrai ! »

« Ne vous inquiétez pas ! vous verrez bien ensuite ! »

Je sors de mon bureau et je monte dans ma voiture, une 607 noire toutes options que j'ai acheté peu de temps avant d'occasion ! je file vers Angers environ 25 minutes de route et ensuite rentrer dans le parking du département et attendre 11 h 00 – je suis léger et cette force en moi… Celle que j'ai depuis tout le temps – merde je vais quitter ce boulot de merde ! oui je vais leur dire ou non, ils verront bien plus tard.

Lors de l'entretien avec mon supérieur hiérarchique, il comprend rapidement la situation et valide de suite la fin de contrat en CDD sous 48 heures ! notre échange ne durera pas plus de 10 minutes, de toute façon cet homme n'est du genre à échanger longuement et sincèrement il s'en fout de moi, cela se sent… Et moi aussi, tellement content de partir et quitter ce poste et découvrir ce demain… Ce demain complètement inconnu ! c'est étrange cette situation ! je ne sais pas vraiment ou je vais et comment, aucune lettre de mission, aucune consigne ! c'est certainement cela qui me motive le plus, ce défi ! je me sens libre et léger, mais seul… Certes, je peux contacter Ali qui est là pour échanger avec moi, certainement à ce moment-là vraiment le seul et ensuite je vais informer Olivier… Olivier que je vais emmener avec moi dans cette expérience des plus complexes – il sera comme à son habitude dire « oui » de suite sans hésiter ! fidèle, sincère… Un Homme, un vrai ! Je n'aurais même aucune hésitation moi aussi quant au profil de mon adjoint (il écrira l'introduction de ce livre).

Il me restera encore aujourd'hui une question : la première, pourquoi moi ? je n'ai jamais su ! Mais de toute façon, j'y retournerais tout de suite s'il fallait reprendre le projet. Cette interrogation a pu assez souvent venir en moi et on me l'a souvent posé aussi ! je n'ai jamais eu de réponse à donner… Je n'ai même jamais vu d'offre d'emploi et cette question me sera posé dans un entretien de 4ho0 dans le cadre d'une enquête du gouvernement par l'IGAS, ils sont venus me questionner sur le centre de A à Z, le DG du GIP « insertion/citoyenneté » m'avait dit « surtout vous dites que vous avez répondu à une annonce » ils ont dû la créer au dernier moment, la veille de l'entretien… Des amateurs ! je l'ai toujours dit ! Et j'ai menti en disant « oui j'ai répondu à une offre d'emploi » j'ai eu droit à des tonnes de questions et pas toujours de la même personne, mais à aucun moment je me suis retrouvé en porte à faux ! non aucun, je connaissais mon dossier « par cœur » je pense que je devais être le seul à maîtriser le dossier du centre de Pontourny de A à Z – encore aujourd'hui, je n'ai besoin d'aucun document pour évoquer cette expérience… Elle est en moi !

Oui ! et aujourd'hui en écrivant et posant ces mots, je me dis « des enfoirés » j'ai été fidèle et j'ai tenu le centre à bout de bras sous tous les axes : les jeunes, les salariés, les syndicats, les associations, les élus, la presse, la radio, les télés… Les habitants ! j'ai tout pris sur moi sans pouvoir à aucun moment être écouté par personne ! j'étais seul.

Une situation avant l'ouverture du centre sur l'Indre-et-Loire.

Je vais la nommer « Christine ».

J'ai rencontré une situation d'une jeune fille de 14 ans qui est issue d'une bonne famille – terme non péjoratif, mais j'exprime ici que cette jeune fille vivait dans une famille composée d'un couple de cadres supérieurs (profession libérale et dirigeante)

Christine est étudiante en seconde et se trouve être dans les trois premières de sa classe et depuis de longues années, Christine a la possibilité et chance de partir au ski l'hiver et à la mer l'été ou ils possèdent de maison et chalet, ses parents s'investissent pleinement dans leur situation personnelle et professionnelle permettant d'accéder à des activités de luxe. Christine est inscrite à l'école de musique et pratique le violon matière dans laquelle elle excelle. Christine peut passer de longues heures dans sa chambre pour être parfaite lors de ces cours et représentations, une famille pas banale ni classique… Mais un exemple !

Un jour la maman doit partir en séminaire pour quelques jours et lors de ses préparatifs elle oubliera ses billets d'avion ce qui va l'obliger de revenir chez elle et elle perdra un temps précieux pour l'embarquement, pourtant madame est une femme active, d'affaire qui planifie et ne laisse rien au hasard ! Donc elle opère un demi-tour en pleine circulation et se lance le défi de revenir chez elle récupérer ses billets et filer à l'aéroport prendre son avion. Arrivée chez elle, elle file dans la cuisine, car elle sait où sont ses billets, posés sur le coin du meuble de la cuisine - endroit où elle dépose les dossiers, documents ou autres courriers utiles pour la journée de travail… Mais au moment d'ouvrir la porte, elle tombe nez à nez avec sa fille ? Il est 8 h 46 et sa fille devrait déjà être partie à son lycée ?

Autre aspect qui attire son attention, sa fille Christine a un sac à dos et un autre a sa main droite ?

Christine, que fais-tu à cette heure encore à la maison ? Et pourquoi as-tu ces sacs avec toi ?

Christine est là, plantée devant sa mère sans dire un mot, le temps passe, elles sont toutes deux immobiles fixées dans le temps et pour un instant… sans voix ni pour l'une ni pour l'autre ! la mère a le visage qui se décompose et ne peut changer, elle cherche en elle une expression à avoir, elle tente de trouver un geste à faire, à dire un mot, mais rien ne sort ! Christine tentera de passer à côté de sa mère pour partir, elle passe devant sa mère et tout à coup la mère tend le bras et attrape sa fille ! Tu vas où ? Pourquoi ? Rentre ! Christine rentrera dans la maison avec sa mère, toujours aucun bruit, Christine va s'asseoir sur le canapé et pose ses deux gros sacs à ses pieds, proches d'elle, elle les met entre ses jambes pour ne pas les perdre, elle a la tête basse et ne dit rien !

Sa mère désemparée tente de lui redemander où vas-tu Christine ? Pourquoi pars-tu ? Maman, je dois partir, il est trop tard maintenant !

« Comment ma fille, je ne comprends pas où veux-tu partir ? et pourquoi ? »

La mère de Christine appellera son mari qui se trouve au travail et lui aussi ne comprend pas la situation, ils se demandent tous les deux pourquoi ? à quel moment ils ont failli ?

À partir de ce moment, d'autres à la lecture se retrouveront malheureusement, ils auront vécu une situation identique, ils auront été confrontés aux mêmes questions, ces terribles questions !

« Souvent la nuit a rimé avec la mort, j'ai tant de fois oubliée à tort, à défier l'ennui pour cette mort, j'ai quelques fois cédé mon âme à dieu pour être ! »

Souvent la nuit a rimé avec la mort – ils ont tous évoqué cette sensation de mort, de ne plus être, de partir ailleurs ! à trop de défier l'ennui de cette vie, existence sans raison de continuer ainsi, pour aller où ? Et faire quoi ? Avec qui ? Pour qui ? Pour aller vers cette mort comme un cadeau, une offrande que ces hommes du net « les rabatteurs » vont leur offrir comme un don de soi à dieu, ce dieu virtuel.

La nuit rime avec l'absence, les nuits sont souvent difficiles – je peux comprendre personnellement leurs divagations nocturnes, car pour ma part j'ai vécu longtemps la nuit et je trouve sublime ce que la nuit peut nous offrir, ce que la nuit peut nous apporter, des sensations, des mouvements, des bruits, des ombres ! La nuit est ressourçant et amène à offrir une égalité différente au jour – j'ai divagué des heures, des jours, des semaines des années dans des nuits aussi haletantes, nourrissantes que dans cette perdition totale ! Au CPIC 37 les personnes présentes avaient dans la globalité des difficultés à dormir, ils arrivaient avec un rythme décalé ou les nuits étaient leur refuge, leur monde à eux ! ils avaient trouvé ce réconfort au travers leur voyage virtuel ou des images, des mots venaient les chercher et les emmenaient dans des contrées magiques à leurs yeux – pour certaines ou certains se fut une renaissance, une reconnaissance. Nous essayons de leur redonner un rythme de vie comparable à une normalité et avec le projet de s'inscrire dans une vie ordinaire certes à nos yeux !

Dans le projet du centre, j'avais opté pour que la nuit nous soyons dotés d'éducateurs et pas seulement de veilleurs de nuit – la différence est importante déjà sur le coût des salaires (nerf de la guerre dans le social), mais là je parle de prise en charge du quotidien, les nuits furent complexes à gérer, les personnes au centre avaient des insomnies, des angoisses, des peurs, des craintes de fermer les yeux et ne plus vivre… Mourir ! Nous avions un jeune qui ne pouvait dormir dans son lit, il se mettait au sol, nu ! avec des crises et cris dans ses nuits.

Les éducateurs devaient donc être présents et accompagner les angoisses par de l'écoute, de la chaleur, un café, un thé… Nous avions prévu des lieux confortables, adaptés et avec des canapés, fauteuils et autres pour réconforter et apaiser !

La nuit

« La nuit je comprends mes chagrins, de ces chagrins sombres, au fond de mon cœur, ma tête comme espoir noir, ou des effroyables, glacent et me freinent à écrire, j'avance en silence dans l'arrogance du bal, ou elles dansent si bien, je traverse cette existence, l'espoir mort et le cœur plein, mais la nuit comprend mes chagrins. »

Dans cette expérience dramatique, mais les autres le sont aussi, nous avons pu entendre de « Christine » des choses simples et fortes qui sonnent encore à ce jour… Cela me ramène à une intervention à

Montpellier le 22 septembre 2018 organisée par la cellule de LERM et précisément « Jean » mon ami ! Jean avec qui nous avons auparavant pu connaître des moments de partages qui restent gravés et qui servent pour se construire et avancer, des moments simples de la vie que nous oublions souvent de vivre, des moments d'humilité totale !

Jean est une de ces personnes qui savent transmettre les choses, il porte en lui ses valeurs, cette chaleur qui vous permet de vous poser et se sentir quelqu'un, une personne utile à la société ! Il peut vous écouter, vous accompagner dans les mots et vous enrichir sans le montrer étant donné son savoir et connaissance… Lors de son invitation à rencontrer les députés du 34, des habitants, des sympathisants de LERM et des dirigeants d'associations, j'ai pu lire un texte d'une personne qui a été « bénéficiaire » du centre de Pontourny, à l'intérieur il y avait des mots choc qui ont marqué et rythmé le débat comme :

« Ne nous montrez pas du doigt, ne nous jugez pas ! »

« Nous avons été oubliés par la société, nous avons été laissés sur le côté, abandonné ! »

« Nous n'avions plus rien pour nous accrocher que la religion, et cela aurait pu être n'importe laquelle, mais la religion musulmane et malheureusement les porteurs d'un islam radical sont très ouverts et de suite ils nous acceptent comme nous sommes et nous valorisent sans aucun jugement… »

« Nous avons que les réseaux sociaux pour seul ami, seule personne pour nous comprendre et nous réfugier, nous avons cet avantage dans cette quête perdue de trouver des gens qui ne nous connaissent pas et que nous ne rencontrerons certainement jamais, ils nous écoutent, nous comprennent et nous aident. »

Cette personne pourra finir son texte par :
Ne nous abandonnez pas une seconde fois !

Ne nous abandonnez pas une seconde fois ! Cette phrase résonne en moi chaque jour… Encore aujourd'hui en ce samedi pluvieux du 1er octobre 2022 dans ce pub de Saint-Palais, je pose ces mots qui sont constants en moi – ces mots et cette phrase que dans mon quotidien du travail à la protection de l'enfance j'entends chaque jour.

Il y a l'école de la seconde chance et eux ? Pourquoi ne pas les accepter comme ils sont ? Pourquoi porter un jugement ? Pourquoi les stigmatiser ? Ils ne vivent plus depuis 2016 et surtout ceux que j'ai pu rencontrer ceux qui ont participé au programme du Centre de Pontourny – ils ne sont plus et ne seront plus des citoyens normaux ! Ils sont cachés, ils se cachent aux yeux du monde, de peur d'être reconnu, que l'on sache qui ils sont. Ils étaient déjà absents de nos yeux, ils sont maintenant pires ! ils sont le sombres du silence… Marqués à vie dans un monde parallèle ou ils doivent sans cesse donner des nouvelles, informations – Les RG renseignements Généraux les regardent, les surveillent et les obligent de venir donner des nouvelles sur eux, mais surtout leurs envies de velléités de départs.

Cette jeune personne qui a posé ces mots est Aujourd'hui en activité professionnelle en CDI à temps plein dans une maison de retraite – Oui ! le travail effectué au sein du centre a porté ces fruits et surtout encore Aujourd'hui, je ne l'ai pas lâché à la suite de la fermeture du centre, ce fut pour elle une nouvelle mauvaise expérience « abandonnique », mais en haut lieu à Paris ils n'en avaient rien à foutre des jeunes et de la situation qu'ils pouvaient vivre et ressentir.

Elle est arrivée au centre juste à sa majorité et c'est investi pleinement - elle avait cette particularité de ne pas parler « arabe », de ne pas lire le Coran, de ne pas aller à mosquée, de manger du porc, écouter de la musique, lire et beaucoup écrire.

Lors de son passage au centre, elle nous sollicitera même pour rencontrer le curé du village d'Avoine, ce ne fut pas si simple ! hé oui, nous étions connotés au centre comme des gens protégeant des « monstres » des criminels ! Quand nous avons dû contacter le curé pour lui demander de bien recevoir la jeune fille, il fut surpris et il va dans un premier temps hésiter – puis après avoir demandé des détails sur le centre (que nous en lui donnerons pas) il va accepter en stipulant bien « une seule fois et elle n'est pas seule » elle sera accompagnée du chef de service –, l'entretien sera rapide, la jeune fille sera comblée de cette rencontre, pas la même sensation du côté de l'église – elle demandera de le rencontrer encore et encore ! Mais cela ne sera pas possible, car les portes de l'église vont se refermer ! Les voix du seigneur sont impénétrables et inaccessibles à écouter cette jeune fille.

Cela ne sera pas simple de lui expliquer cette situation, comment dire que l'église ne les reconnaît pas ? Encore aujourd'hui en septembre 2022 – nous avons évoqué cette rencontre avec le curé de la paroisse, elle peut me dire avoir envie de se faire baptiser et retourner le voir, elle me sollicite si toutefois j'ai gardé le contact téléphonique avec lui ! Mais on… Après son discours négatif, je n'ai trouvé le besoin de garder son contact. Et ce n'est pas simple pour moi de lui dire que l'église, la religion catholique a peur d'eux ! qu'elle ne souhaite pas être associée à eux et les recevoir ! Comment le dire sans lui faire plus de mal, elle souhaite simplement trouver une réponse, du réconfort et pour ses yeux comme les autres au travers une religion s'est normal ! La religion comme refuge spirituel, comme la voix du père et de la mère.

Après cette intervention les personnes présentes furent silencieuses.

Le retour du débat fut mitigé comme à chaque fois, le sujet n'est pas simple à aborder, à entendre et aussi débattre – le premier problème que nous rencontrons est que nous avons proche de nous une personne qui a un membre sa famille touché par ce sujet et qu'il ne souhaite pas le dire, l'aborder et chercher de l'aide, car il ne veut pas être stigmatisé… Montré du doigt comme une famille » extrémiste » et « dangereuse » souvent je laisse mon numéro de téléphone et j'ai des appels dans les jours qui suivent une intervention – les premiers contacts/échanges sont souvent les mêmes !

« Je connais une personne qui a un membre de sa famille qui semble s'être radicalisé ou je ne sais pas ! Vous feriez quoi et comment ? »

Je ne stigmatise surtout pas et je réponds pour leur ami qui a un enfant qui bascule dans une forme de radicalité ou radicalisation,

Pour l'instant nous n'irons pas sur le terrain des réponses que je peux apporter, je reviendrai plus tard sur les apports de ma part et forme d'accompagnement mis en place pour eux et autour d'eux.

Ce manque de confiance en soi, cette lutte permanente contre le doute, est associé à une grande difficulté à faire confiance… à se faire confiance ! On l'appelle « peur », blessure, ou syndrome – les mots peuvent changer comme les symptômes varient eux aussi en fonction de la sensibilité, mais l'origine est toujours la même ou souvent… Une séparation ? Une perte d'un être cher ? Une rupture ? Une fêlure ? Une séparation vécue comme un abandon.

De plus en plus de personnes semblent et sont concernées, serions-nous une génération d'abandonnés ? Il s'avère que nous aurions tous souffert d'une séparation difficile dans notre enfance, chaque enfant peut et ressent qu'il n'a pas été désiré, ou qu'il n'est pas aimé tel qu'il le souhaiterait, qu'il est rejeté par un groupe – ces séparations douloureuses, nous en souffrons tous à des degrés différents les uns et les autres.

Comme :

- Naissance d'un petit frère ou sœur,
- Vacances en colonies non désirées,
- Déménagements ;
- Décès ;
- Chômage des parents ;
- Divorce
- Maladie ;
- Perte d'un membre de la famille ;
- Maltraitance à l'école, rejet… l'abandon !

J'ai pu entendre d'une personne accompagnée :
« J'ai peur de me retrouver seul du jour au lendemain. »

Des situations abandonniques récurrentes, cette sensation de l'être, d'être abandonné, voire construire autour de soi ce mode de vie, se complaire dans l'abandon pour se réfugier en soi.

La dépendance affective et le manque de confiance en soi, ils vont aller chercher une réponse sur les réseaux sociaux – Dans un monde violent, de plus en plus de personnes ne savent pas comment elles vont s'en sortir. Ils vont aller sur les réseaux sociaux pour multiplier le nombre d'évènements anodin qui vont rappeler les blessures originelles.

« Toutes les relations virtuelles exacerbent cette insécurité que nous pouvons tous avoir, on est en attente d'une réponse, d'un retour à un message ou un like. » On a l'impression que ce « like » va nous rassurer, mais il ne fait qu'accentuer le phénomène d'abandon.

Ce mot terrible « l'abandon » se retrouver dans un état psychologique d'insécurité permanente liée à une peur irrationnelle d'être abandonné… Une peur de ne plus être.

Les personnes accompagnées pouvaient exprimer cet état « abandonnique » en tentant de combler un manque d'affection dû à une séparation, une situation vécue traumatisante, un manque d'amour simple ou imaginaire. Certains pouvaient avoir peur qu'on les quitte, ils devenaient de plus en plus exigeants avec les autres, avec son accompagnant, son confident. Leurs attentes devenaient démesurées et souvent insatisfaites, nous avons rarement conscience de l'origine de leurs troubles et ceux affectifs – en les accompagnants à pouvoir les identifier, nous pourrons avec eux les aider à reconnaître (si possible) la souffrance et les relier à des causes. En psychologie, l'origine de certains troubles affectifs apparaît dès la naissance et les premières relations affectives avec la mère. C'est elle qui apporte l'amour et la sérénité et subvient aux besoins de l'enfant.

« Que faire, de ce jugement posé, devant ce monde aux échardes empoissonnées. Que dire de ces regards non résonnés, comme ces égratignures, ces blessures infligées. Que dire de ces fenêtres fermées, à l'âme enchaînée qui ne seront que des prisons dorées. »

Pontourny
L'accompagnement du « volontaire » au sein du programme du centre de Pontourny… Du CPIC37.

Une base des axes du travail éducatif :

Nous avions 4 phases, la première était basée sur l'accroche pédagogique et l'accompagnement du volontaire dans la définition de son projet.

Les mots…

Je me souviens que l'utilisation de certains mots à son importance, la langue française est très subtile et permets certaines choses que nous ne pourrions faire dans une autre langue. En aucun ça, je vais partir sur ce terrain-là, car d'abord je ne suis pas un expert loin de là – puis des personnes mal attentionnées s'en donneraient à cœur joie avec mes fautes ! Seulement dans le monde du social et des médias, il y a des périodes ou certains mots sont porteurs/plus utilisés et surtout sont affichés régulièrement, martelés à longueur de journée pour que cela rentre dans le subconscient des gens. Depuis les attentats de Charlie Hebdo et surtout à cette date, car auparavant nous l'avions déjà employé sans jamais faire de Buzz la « radicalisation » ou « radicalement/radicaliser »

Il y a des mots ou des expressions qui sont plus ou moins simples à dire et qui restent et marquent les gens, le mot radicalisation est un de ces mots compliqués à dire – le « R » nous oblige à agresser notre palet pour effectuer cette syllabe le « REEEE » tous les mots qui commencent par « RE » sont relativement dur comme :

- Réprimande ;
- Reprise/reprendre ;
- Rustique ;
- Risque ;
- Ruminer ;
- Ruiner ;
- Racler… oui cela oblige à racler le palet et le faire gratter le fond de la gorge et donner un son « grave » et moins joli à entendre.

Si nous disions que ces personnes ont eu le « désir » de partir et « l'envie » d'épouser cette cause ! Les mots sont très doux, mais en aucun cas ils ne pourront produire le choc psychologique et émotionnel que nous avons besoin de faire avec l'information – il est important de choquer et attirer l'attention pour mobiliser devant le petit écran et faire vendre du papier « la presse ». La plupart des journalistes utilisent « des personnes radicalisées, du radicalismes violents, il faut les déradicaliser ».

Il serait difficile d'expliquer que des personnes souhaitent partir se battre simplement par envie et pour épouser une cause ? l'envie reste sur d'autres axes et d'autres objectifs que de partir se battre et donner sa vie…

Si nous partions du mot « EMBRIGADER » *et que nous laissions aller dans les autres mots qui le définisse, embrigader c'est rentrer dans un groupe, une communauté de pensée par la contrainte ou par persuasion. Puis il y a* « DÉMORALISER » *qui est causé par l'abattement de quelqu'un, c'est faire perdre à quelqu'un toute motivation à poursuivre une action, c'est aussi abattre et décourager, puis* « DÉMOBILISER » *enlever le désir, enlever l'envie, ôter l'énergie, mais aussi incorporer et enrôler…* « ENROLER » *qui est de grouper, lever et racoler.* « INCORPORER », *inclure, réunir, joindre, annexer, mélanger et aussi RECRUTER qui enrôler, employer, attirer et PRENDRE pour épingler, capturer, coopter, amadouer, choisir et ACCUEILLIR qui loge, héberge, offre l'hospitalité et SALUER qui est se prosterner, se découvrir, rendre hommage, honorer et VÉNÉRER comme adorer, fléchir il y a*

VAINCRE, plier, obéir, soumettre, vaciller, s'humilier, succomber et FAIBLIR c'est accepter, céder, subir, sacrifier, obtempérer, conformer et SACRIFIER pour lapider, abandonner, immoler, égorger, renoncer et RÉSIGNER qui amène à se démettre, S'EXPATRIER peut bannir, expulser, chasser et DÉRACINER... Déraciner une personne et pouvant l'abattre, l'extraire de son quotidien, de sa famille, de la vie et cela va la DIMINUER et peut l'amputer, l'amener à se dénigrer, s'atrophier et s'ÉMASCULER l'affaiblir, la diminuer en la MUTILANT et la châtrer, le DÉSHONORER comme leur faire du tort, leur porter atteinte et les DÉCONSIDER ce qui amène à nuire, rabaisser, sous-estimer et surtout DÉPRÉCIER c'est déprimer, mépriser, salir, entacher et DÉVALORISER en abaissant la personne et se PERDRE pour l'abîmer, l'égarer, la dérouter et la FUIR et se sauver, s'exiler, s'éloigner et HAÏR mépriser, pour ensuite adorer et AIMER pour être épris, admirer et VÉNÉRER, le chérir, s'agenouiller devant, l'idolâtrer et le GLORIFIER sans oublier de le diviniser, l'élever, le blâmer et l'IMMORTALISER qui en suivra graver, l'illustrer pour le PERPÉTUER et le REPRODUIRE.

Voilà une grande partie des mots qui sont employés.

Si toutefois nous essayons de les déradicaliser, donc de les déraciner, nous allons renforcer leur croyance...

Les termes de « radicalisation », « prévention », « désengagement » et « en voie de radicalisation » se sont largement répandus depuis les derniers attentats en France et à l'étranger.

« Échec », « fiasco », « pseudo-spécialistes ». Les mots ne sauraient être plus durs. Dans un bilan d'étape, rendu public mercredi 22 février 2017, les sénatrices auteurs remettent complètement en question les approches de l'État français face à la déradicalisation des jeunes. Suivant leurs avis, la France est dans l'impasse en matière de traitement de la radicalisation djihadiste. L'une des solutions serait, comme le suggèrent les sénatrices, de mieux développer la prévention. Ce constat est lucide. Si l'on observe l'ensemble des actions de prévention de la radicalisation violente et que l'on compare les expériences internationales qui se déploient depuis de nombreuses années, force est de constater que l'Europe est bien en retard.

Pontourny qui fut un projet expérimental de qualité malgré ce qu'on pu dire les deux sénatrices « Troendel et Benbassa » mais surtout E. Benbassa, elles sont venues me rencontrer 7 mois après l'ouverture du centre - elles ne seront restées que 1 h 30, 2h00 max y compris dont une heure de visite du centre au pas de course sans écouter le projet et le sens donné – elles étaient venues de toute façon pour démonter le projet, et elles ont eu le toupet de faire un diagnostic négatif via le Rapport Benbassa, je comprends que cette sénatrice à même déposée son nom sur le rapport pour tout s'accaparer ! Comment est-ce possible ? Elles ne connaissaient rien du projet, elles n'avaient aucune maîtrise et compréhension de nos actions ! Même encore aujourd'hui quand je relis leur compte rendu, je reste sans voix ! C'est inadmissible que ces deux sénatrices se donnent le droit de démonter un projet tel que celui-ci de telle façon qu'elles passent à la télé pour en parler alors qu'elles ne savent rien… rien du tout ! C'est tout simplement honteux et lamentable. Je pourrais dire et je dis « surtout Me Benbassa » oui, car Me Troendle restera mesurée dans ses propos lors de la visite et elle ne participera pas au fameux rapport « le rapport Banbassa » qui va clôturer le projet et lui donner cette vision négative. Me Benbassa quand elle est venue n'avait aucune idée du projet, son discours fut incohérent ! je fus même étonné que le gouvernement diligente cette femme pour venir – mais je vais vite comprendre qu'elle se positionne politiquement, elle démonte le projet, mais surtout Valls pour aller aux côtés de Jadaut pour les futures élections présidentielles – c'est une personne qui ne pense qu'a elle ! Et à sa personne. On a pu la voir avec les Verts, le PS et aux élections sur le podium avec Macron ! Elle a fait des plateaux de télévision pour évoquer Pontourny, quelle catastrophe ! Incompétente au possible ! En revanche, elle, on la fait venir et on l'écoute, elle est passée sur toutes les chaînes pour rien dire ! juste se vendre et démonter le projet, j'ai proposé de venir avec elle sur des plateaux - mais en périodes d'élections présidentielles on a préféré une politique à moi ! Je reste sur cette porte ouverte de venir sur un plateau et vraiment donner les clés du projet faire « la lumière sur le centre de Pontourny ».

Sur cette expérience de Pontourny, nous avons vu des tas de personnes qui ont animés des soirées débats sur le sujet, qui ont évoqués Pontourny et le public sans m'avoir rencontré, sans être venues… J'ai pu voir pendant plus d'une année et encore aujourd'hui on en reparle à chaque évènement et l'on voit des personnes qui se disent des spécialistes « hommes et femmes » qui parlent du projet ? mais à les entendre, je me demande de quels projets ils parlent ? car moi à les entendre je ne connais pas leur projet évoqué ! et comme ils sont des soi-disant connus, les gens écoutent et croient à ce qu'ils disent, mais à aucun moment les médias ont pensé à faire venir les principaux acteurs du projet pour véritablement débattre et évoquer le vrai sens et le travail effectué par les salariés.

Même de jeunes bénéficiaires du centre de Pontourny m'ont contacté à certains moments et surtout au début à la vue des débatteurs et autres intervenants et ils pouvaient me dire :

« Allez-y à la télé leur dire ! »

Nous avons eu « envoyé spécial » « complément d'enquête » « les télés régionales et les JT nationaux » qui sont venues au centre pour avoir des bribes d'informations, seul « complément d'enquête » est venu passer une journée complète au centre et nous avons aussi tourné une journée sur une grande ville de France, et pourquoi ? 3 minute trente sur l'émission ! et surtout rien de bien pour nous et, notre travail… Je ne parle pas des autres intewieveurs des chaînes radio qui ont eu droit d'avoir une rencontre avec nous, ils n'ont rien retransmis de bien, les seuls qui ont fait un reportage assez bien ce sont La BBC et CHANNEL 4 en avril 2019 qui m'avait contacté via la Nouvelle République pour faire un reportage sur le site de Pontourny, le tournage d'une demi-journée s'est bien déroulé, seul ombre au tournage, le fait de revenir sur les lieux de mon travail et voir l'état des bâtiments et des locaux, de revenir sur le domaine de Pontourny et m'apercevoir que je n'avais pas fini ma mission, à mon travail ! Ce fut dur, très dur, de revenir sur place… Un pincement me prit un instant en marchant sur l'allée principale, cette allée bordée de platanes énormes lui donne une puissance au site.

Je vais m'apercevoir que tous les espaces, bureaux, salles de travail, de réunions, d'entretiens, la salle des jeunes, des éducateurs, de l'aumônier, des groupes de travail, des psychologues, les chambres de bénéficiaires… Tous les lieux sont vides, vidé de tout, même les ampoules ne sont plus là comme si des personnes étaient venues pour enlever toutes les traces de notre passage, de notre mission de notre travail, de notre présence !

Je marche et je traverse les salles les unes après les autres sans rien dire, sans bruit… C'est une étrange situation, pourtant j'entends encore les jeunes, les salariés, le bruit des voitures sur les graviers – même les oiseaux ne chantent plus ni les écureuils, ils ne sont plus là !

J'ai beaucoup bougé dans ma vie professionnelle, personnelle et aussi sportive, j'ai vécu et vu assez d'expérience dans ma vie certes encore en phase de découverte et construction du moins j'espère, mais là cette expérience me reste difficile à oublier, difficile à effacer et de tourner la page d'une autre expérience – j'ai pourtant depuis vécu cinq autres métiers et régions à ce jour, sans pouvoir sortir de Pontourny qui reste gravé… Gravé comme pour les autres salariés et les bénéficiaires une sorte de tatouage intérieur ! Sortir de cette expérience n'est pas simple, car nous sommes restés sans aller au bout, sans pouvoir nous exprimer – ils nous ont tu et abandonnés sur le chemin au détriment de la politique actuelle, au détriment du pouvoir des urnes pour eux, au détriment des peurs, des craintes de la population ! Et là, j'ai encore des mots en moi ! Encore des visages devant moi qui sont restés crispés et le resteront à jamais.

Comme lorsque nous nous sommes rendus avec Alex Albert (sociologue de l'Université de Tours) qui malgré la confiance que je lui ai faite, de lui ouvrir mes portes, de lui faire confiance, de lui proposer de venir avec moi… Il fera un livre à ma décharge et sans fondement sur des « on dit », avant de revenir sur Alex Albert et son livre, je vais d'abord vous expliquer comment tous les deux nous avons eu une désillusion à l'IRTS de Tours.

Dès mon arrivée sur le centre, je me suis tout de suite posé la question de la formation du personnel et aussi de toutes les personnes qui pouvaient ou allaient se retrouver face à des situations, face à des personnes en voie de radicalisation, face à des jeunes, des familles et ne pouvant dire des choses, ne pouvant verbaliser ! je me suis donc de suite penchée sur la construction d'un module de formation. Plusieurs éléments au cours des premiers mois et, surtout dès janvier 2017, ont confirmé qu'il fallait faire quelque chose et rapidement. J'ai pu m'apercevoir du manque de connaissance du public, des religions, des formes d'embrigadements, des risques, des contraintes et des peurs.

Au fil des jours qui passent, je prends des notes et surtout je pose toutes les interrogations des personnes que je rencontre autour du projet et les manques. Puis, je vais me rendre compte des nouveaux postes au sien des préfectures, toutes ces personnes qui vont se retrouver à être en lien avec des familles et des personnes en voie de radicalisation et devront tenter d'apporter une orientation, ou solution aux questions posées.

Je me souviens ces deux femmes au sein de préfectures, une du centre de la France et l'autre un département du 93 ! La première rentrera en contact avec moi dès septembre 2016, ce doit être même une des premières à avoir été en poste – elle me contactera et ne voudra pas me dire son nom !

« Ah bon ? Pourquoi ? »

« Je veux garder secret mon identité au cas où !

Je vais lui dire : « Mais vous connaissez mon nom ? Vous pouvez me faire confiance, vous savez qui je suis et pour qui je travaille ? »

Elle dira : « Non ! je ne peux pas, j'ai peur ! »

Je lui réponds : « Mais pourquoi être venue sur ce poste ? »

Elle : « Personne ne voulait y aller, je ne suis dit j'ai une formation dans le social cela devrait le faire, puis être la première est une opportunité, mais en fin de compte ce n'est pas si simple et j'ai peur d'être reconnu – je suis obligé de faire tous mes entretiens en dehors de la préfecture, car je ne veux pas qu'ils sachent ou je travaille et je ne donne jamais mon nom, ni prénom – j'ai inventé un prénom. »

Je ne sais pas quoi lui dire, que de quitter son poste et faire autres choses ! elle considère tous les jeunes et personnes qu'elles rencontrent comme des criminels, des personnes dangereuses… Comment peut-elle travailler ? Elle est angoissée, tendue…

Je vais pour ma part rencontrer la jeune femme embrigadée dans un jardin public de la ville (car impossible qu'elle me propose de venir à la préfecture) nous passerons un long moment à échanger, nous nous donnons rendez-vous pour la journée d'intégration au centre de Pontourny en septembre 2016 - elle viendra à la journée d'intégration, elle porte l'Hidjab intégral et gants – mais je la prends à défaut et je lui serre la main à son arrivée ! Elle me tend la sienne avant d'enlever son gant et se trouve stupide, nos regards sont fixes et nous savons tous les deux ce que nous voulons dire avec nos yeux.

Mais malheureusement, elle ne viendra au centre, elle sera happée par une personne qui va l'entraîner à Londres où elle sera retrouvée à faire des prêches dans la rue. Je n'ai plus eu de nouvelles d'elle ni de la personne de la préfecture.

Puis la seconde à Paris, là c'est différent, on l'a déposée à ce poste comme cela !

Elle me dira : « On m'a demandé de prendre le poste, je n'y connais rien au social et au sujet encore moins, je ne sais pas comment faire ? »

Je vais lui dire : « Si vous avez une question, une interrogation, appelez-moi ! » Elle le fera à plusieurs reprises.

La question est importante, comment ont été recrutées toutes ces personnes, quelle est la procédure ? et surtout quelle formation leur avons-nous procurée ? Donc ces deux personnes comme d'autres vont me confirmer qu'il faut rapidement faire quelque chose, qu'il faut vite construire un module formation et l'ouvrir à un public le plus large.

La fin d'un programme jeté en pâture :

« Ils nous ont abandonnés le 11 février 2017. » Nous avons vécu la même chose que ces jeunes du centre ; les situations abandonniques se reproduisent sans cesse !

11 h 00, réunion extraordinaire à la préfecture de l'Indre-et-Loire à Tours, animée par le préfet Lefranc (qui perdit sa place à la suite de la fermeture du centre – pourtant dans cette expérience il n'était pas le pire et pouvait à certains moments nous être de soutien et solidaire) ce 11 février 2017 fut fatal, même si je pouvais comprendre depuis quelque temps que l'affaire était pliée, car Manuel Walls avait perdu les primaires des présidentielles de la Gauche, et il était le seul à pouvoir valider la continuité du projet, car ce projet était son « bébé sa vitrine » ou du moins une clef de la possible réussite pour les élections à venir, les présidentielles. Mais en janvier 2017, lors des primaires de la Gauche nous sommes quelques-uns derrière nos écrans à suivre le débat et tenter d'avoir une idée de la suite, sachant que depuis quelques jours nous avons ou j'ai des sensations que le programme bat de l'aile et que la montée en puissance d'Emanuel Macron (que personne n'attendait), met une ombre à l'ouvrage et skyse un peu les intentions et visions de certains. Les informations que je peux avoir d'en haut ne sont pas terribles, ils font en sorte de dire le minimum, mais je sens que déjà certains cherchent à faire les valises en silence et à se positionner dans la vision d'un changement de direction. Pour détourner l'attention des salariés du centre, le CIPDR va embaucher une nouvelle salariée pour travailler sur le bilan.

Une taupe ! Lorsque nous l'avons vu la première fois (comme pour la dernière) nous nous sommes demandé que fit-elle ici ? Elle n'avait aucune connaissance des bénéficiaires, du projet, de rien ! C'était le « cheval de Troie », ils l'ont embauché pour tromper, pour troubler les salariés et même elle fut trompée et dupée elle-même… Je me souviens des discussions des deux membres de la PJJ (eux n'avaient aucun souci, ils avaient une place au chaud bien garder au sein de la PJJ et voir une gratification, avec des salaires inconcevables pour le travail fourni).

L'un des deux devait être un appui technique ? Il n'a jamais été présent et ne put répondre à aucune de mes questions, il pouvait venir à quelques reprises au centre de Pontourny aux frais de la princesse, dans des hôtels classés 4 étoiles, pas des formule 1 ! Il louait des voitures de luxe et venait de Paris en 1re classe et taxi au début de la gare au centre pour rester 1 heure max et repartait sans même finir une conversation et sans rien apporter comme réponse, il venait avec un petit calepin et même pas de stylo pour écrire !

Faisant fonction de cadre technique PJJ, il devait m'accompagner dans un premier temps par téléphone parce qu'il n'avait pas encore acté sa mutation – nous n'avons eu qu'un seul contact qui durera dix minutes sur l'échange du montage du projet, dix minutes ? Puis silence total, à ce moment j'ai tout de suite compris à qui je pouvais avoir à faire et surtout j'avais mes entrées à la PJJ et des connaissances qui m'avait orienté sur la personne donc je n'attendais rien de lui, c'était un « commercial » simplement un faisant fonction « de » il ne savait pas établir un projet et les grandes lignes – je l'ai laissé tourner en rond et chercher seul au téléphone, ce fut comique et désastreux de savoir que ce mec est appelé pour faire je ne sais quoi ? Et payé grassement.

« Tellement de choses me bousculent, je ne me reconnais pas dans ces années passées, à pleurer ! Sur ce que j'ai démontré… Maintenant, il est temps de partager, de donner sans aucune consolation. Il faut laisser mes douleurs aux souvenirs attablés, aller de l'avant et pouvoir écouter les battements de mon cœur. »

Ce 11 février 2017 lors de cette réunion nous étions tous autour de la table, tous les services de l'état, des renseignements, DGSI, DST, gendarmerie, les élus, les députés, les sénateurs, préfecture, CIPDR… Tous étaient présents à l'appel ! dans cette salle de réunion de la Préfecture de Tours – nous n'avons pas effectué de tour de table, car nous nous connaissions tous. Le Préfet ouvre les hostilités en restant très flou, je sens bien qu'il cherche ses mots et hésite dans ses explications – il tournera autour du pot pendant de longues minutes (je ne peux pas lui en vouloir à lui, il fait le job) autour de la table les services de renseignements vont se tirer la dessus sur le fait de valider les dossiers des personnes en amont d'être orientées vers le centre de Pontourny – le sujet est surtout autour d'un fiché « S » voir double… et aussi du tapage médiatique que la presse a effectué autour de son arrivée qui devait rester secrète (discrète) les différents services de renseignements sont tendus et se lancent la balle des responsabilités, mais aussi sur « qui doit donner l'avis et la validation finale ! » dans un autre temps, nous appelions cela « un concours de bites ». Un des deux services est géré directement par Matignon et le Premier ministre, donc des jeux de pouvoir sont lancés et cette conversation va durer quelques longues minutes sans trouver une fin honorable (de toute façon personne ne veut endosser les responsabilités) dans une telle situation et à un moment critique ou il va falloir trouver un responsable, il y a autour de la table « deux » personnes qui vont être au-devant de l'affiche :

Le préfet et le directeur du centre (donc moi), nous sommes les deux qui auront perdu leurs postes et fonctions à l'issue des élections présidentielles de 2017.

Pour cette rencontre à la préfecture, nous n'avons pas eu droit au café/croissants et jus d'orange, nous sommes plus sur le registre des réunions à « couteaux tirés » et dans le dos c'est plus facile… Là encore, j'appelle cela « le bal des faux culs ». Deux heures durant, nous allons nous renvoyer la balle sans dire les choses, sans aller au bout du sujet, sans trouver un terrain d'entente, la seule chose que je comprends vraiment « c'est que le programme est terminé », oui c'est la fin du bal, on ferme boutique le 11 février 2017 sans un mot « dit » extraordinaire ses réunions en haut lieu, où personne ne se lance, personne ne s'écoute, personne ne souhaite de compromis, personne n'en tirera les conséquences et tout le monde oubliera le dossier avec un consensus commun sur les deux têtes à couper sans un seul mot !

Quand nous sommes sortis, le soi-disant « appui technique et son collaborateur » me dira :

« Pas un mot à votre retour de cette rencontre et nous allons relancer le projet avec la venue de nouveaux bénéficiaires, nous sommes en contact avec des préfets et de nombreux dossiers. »

Encore une belle phrase et un mensonge qui sortiront de leurs bouches ! au bal des menteurs ils ouvriront le bal ces deux-là ! et pour finir ils me diront :

« C'est bien bon travail et soyez fort, nous sommes avec vous ! » Aïe ! cette phrase c'est comme lors d'un recrutement, quand la personne vous dit : merci on vous rappelle demain vous avez fait un bon entretien. J'ai rencontré des hypocrites, des menteurs, des fabulateurs, des escrocs, mais là les deux sont des experts dans la matière, ils ont appris des phrases par cour (quelquefois j'avais l'impression qu'ils apprenaient des lignes de bouquins juste avant de venir me voir ou me parler) cependant, comme à leur habitude ils vous abandonnent dans la rue en une demi-seconde et partent tous les deux sans vous convier ou autre ! non ils n'avaient aucun tact ! pas la moindre courtoisie, ni correction. Je me suis retrouvé seul devant la préfecture avec le poids de la décision prise sans un mot de fermeture, et ce que je dois ramener aux salariés en leur *disant :* « Tout va bien, nous allons faire un point de la situation, travailler sur la fin du programme et de nouveaux bénéficiaires vont arriver dans les prochains jours ». Quand les bénéficiaires nous parlent de situation « abandonniques » de les avoir emmenés puis laisser seuls dans la nature avec le poids du programme, je comprends la situation, je comprends leurs craintes, même si pour ma part je n'ai pas les mêmes craintes qu'eux – pour moi, je dois mûrir mon discours sur le trajet du retour de Tours à Pontourny, je dois trouver les mots qui feront qu'ils vont adhérer, mais aussi je dois être convaincant sans informer les deux chefs de service.

Je dois mentir à tout le monde, les salariés, les chefs de service et à moi-même ! la route est longue et courte à la fois, je me refais le film de cette rencontre, mon embauche, la formation du personnel, les attentats, le recrutement des bénéficiaires, tout revient en images et défile devant moi à vive allure.

Ce n'est pas simple de mentir sur la fin programmée et les faire rêver et espérer, ils ont tous des familles et ils ne trouveront pas tous un emploi derrière. Certaines personnes sont à deux ou trois années de la retraite et à la suite de la fermeture du précédent centre (avant d'arriver et d'ouvrir le centre de Pontourny, la mairie de Paris avait cet établissement et venait d'effectuer une fermeture et des licenciements économiques, donc les salariés venaient de vivre une situation complexe et douloureuse avec des suppressions de personnel) dans le personnel j'avais emmené avec moi d'anciens collègues de travail, deux jeunes éducateurs que je connaissais et aussi leurs parents, mon frère de cœur et un ami, et leur mentir à eux sera aussi difficile et je n'ai pas beaucoup de marche de manœuvre du moins de suite en arrivant, car ils m'attendent tous.

Macron est président de la République française.

Juste avant son élection, nous avons vécu ou j'ai pour ma part assumé cette étape et caché la vérité à l'ensemble du personnel sur la véritable situation et pérennisation du centre, mais surtout du projet en lui-même. Après la fameuse réunion à la Préfecture d'Indre-et-Loire celle de Tours avec l'ensemble des acteurs du gouvernement et les politiques locaux, cette fameuse réunion qui va acquérir la fin du programme. Donc pour rappel, les deux acolytes du gouvernement ou plutôt les deux Cadres de la PJJ pilotés au ministère pour soi-disant être des « valeurs sûres » seront juste des faisant fonction et des charlatans… Ils me diront hors des caméras qui nous attendent en dehors de la préfecture, car tous les médias voulaient savoir ce que le centre allait devenir. Le préfet dira simplement encadré des sénateurs, sénatrice, députés « tout va bien, nous allons revoir les prochaines incorporations et pérenniser les projets du centre en sécurisant les habitants ». Il mentait tout simplement ! et tous les autres au tour le grand sourire… Ils sont abominables ces politiques ! 10 mois avant, ils venaient faire les beaux devant les caméras en présence des salariés pour pécher la bonne parole et surtout leur dire « nous sommes là pour vous aider à sauver les emplois sur le site, vous pouvez nous faire confiance » nous étions juste avant les élections présidentielles et les postes commençaient à se jouer en interne des partis politiques.

Je suis à côté de cette foule de télévision radios et presse écrite avec mes deux acolytes ! ils me disent « olivier on a confiance en vous » là ça commence mal ! ce début de phrase va me cacher le meilleur de la filouterie.

« Vous allez dire aux salariés que nous travaillons sur une nouvelle cohorte de jeunes et qu'ils vont arriver dans 5 à 6 semaines, cela va vous laisser le temps de faire un bilan interne. »

Je réponds : « Mais pas simple de les tenir motiver pendant 5 à 6 semaines 35 heures par semaines ! »

« On a confiance en vous, pour en rien dire ! »

« Certes, mais cela va être compliqué et quand ils seront, ils vont m'en vouloir. »

« Nous sommes avec vous. »

Houa cette dernière phrase, j'aurais dû l'enregistrer ! car quelques mois plus tard, c'est ces deux lascars et d'autres qui vont me juger et acter que c'est moi le seul et unique responsable de cette situation d'échec ! bravo !

« Olivier, on doit les garder motivés et attendre les élections présidentielles. »

« Mais c'est acté, c'est fini ? »

« Heuuuuuuu ! oui, mais il ne faut rien dire. »

« OK, mais les élections c'est dans 3 mois le second tour ! et il va falloir que j'attende 3 mois ? »

« Oui faites des choses ! vous allez trouver. »

« Je continue les travaux en interne ? »

« Oui voilà très bien, comme cela ils vont dire s'ils font des travaux cela va continuer ! très bien ça. »

À la suite de cette conversation, ils ne viendront qu'une seule fois au centre rencontrer les salariés et dire en avril 2016 « une quinzaine de jeunes sont sélectionnés et ils ne devraient pas tarder à venir votre directeur vous teindra au courant ».

Hé voilà ! c'est ma pomme qui récupère les choses… Car à peine partir les salariés et surtout les syndicalistes vont me tomber dessus.

« Alors c'est vrai, des jeunes vont venir au centre ? pourtant nous lisons la presse et certains échos peuvent dire que le centre est fini, surtout après la sortie du rapport Benbassa. »

« Certes la sénatrice Benbassa a dénoncé notre projet comme une gabegie, mais cela n'est que sa vision des choses et pas celle de notre Premier ministre. »

« C'est qui maintenant ? »

« Sincèrement je ne sais pas, car nous avons changé trois fois en deux mois et demi, mais nous avons toujours l'aval de Paris, et nous allons en profiter pour finir les travaux en interne et les différents achats de mobilier pour avoir de quoi travailler en toute sérénité dès que les nouvelles incorporations arriveront. »

À ce moment-là, j'ai vu les regards s'ouvrir et je me disais : « Tiens ils doivent être soulagés de savoir que nous investissons, donc le projet continu ».

Je vais engager près de 300 000 euros de travaux et achats en moins de quatre mois entre février et juin, les artisans étaient contents sur la ville. Nous avions une capacité de 25 places aux normes et tout neuf, nous avions trois pôles distincts et entièrement refaits à neuf, nous avons reçu les services des RG pour équiper entièrement une salle informatique à destination des jeunes. C'est simple de mon arrivée en juin 2016 à juillet 2017 j'ai engagé des travaux, achats et autres tous les jours pour une somme équivalente à 1 500 000 euros ! Quand j'ai pris mes fonctions en juillet 2016, j'avais un budget pour une année d'exercice, alors qu'il restait seulement 6 mois – en octobre j'ai sollicité une rallonge pour des travaux, puis novembre aussi… En décembre j'avais dépensé d'une année en 5 mois.

Et si c'était juste ça ! on a refait des chambres pour accueillir les psychologues de l'équipe Bensala autrement il aurait fallu les mettre à l'hôtel. Mais entre eux ce n'est pas l'amour fou… Et là cependant, silence absolu ! J'ai gardé quelques liens et échanges avec une de l'équipe « L » une personne très professionnelle et avec un vrai regard sur les jeunes présents au centre, elle était différente des autres, dont une plus jeune et plus sur ces gardes et craintives, avec des couacs importants dans des décisions ou des discours avec les personnes présentes au centre.

Les travaux, je vais en organiser jusqu'à quoi… 15 jours de la fin du programme ! Oui 15 jours et je ne sais pas pourquoi ils ont continué à dépenser tant d'argent ? alors qu'ils ne m'ont jamais payé l'intégralité de mes frais engagés. Le plus ahurissant sera le fameux laser qui devait nous protéger d'une éventuelle intrusion, il aura coûté au bas mot plus de 800 000 euros ! Oui, 800 000… Et pour quoi faire ? Je ne sais pas non plus ! une fois fini – je fais le tour avec le responsable de cette société et du responsable de la sécurité du centre. On fait donc le tour et je montre que l'entreprise n'a pas pensé que derrière les points du laser adossé aux différents murs de l'enceinte, il y a un espace de 35 à 45 centimètres ! et que dans cet espace une personne peut passer sans que le laser se déclenche… Ils sont là devant moi sans rien dire ! Comme des cons, ils sont sans mots « alors on fait quoi ? tant d'argent et cela ne servent à rien ! »

Le mec, le responsable de l'entreprise de sécurité et certes gêné et s'engage à régler le problème rapidement, il va faire intervenir un maçon pour construire un muret derrière chaque pilier et relais du laser, mais il pourra me dire : « J'ai vu deux personnes du ministère et c'est eux qui avaient validé ».

Je les retrouve mes deux acolytes d'en haut ! ils sont incapables de comprendre, cependant, ils font ceux qui savent et en cas de problème rejette la faute aux autres !

Je vais faire des courriers pour dénoncer leurs incompétences et maltraitances vis-à-vis du personnel et de moi aussi ! je vais solliciter un entretien avec Muriel Domenach, la nouvelle secrétaire générale du CIPDR, elle va me recevoir en juillet 2017 et quelques jours après je suis convoqué au ministère de l'outre-mer pour me retrouver devant 5 personnes dans un grand bureau - ils sont en face de moi et pleins de dossiers devant eux, cela va durer deux bonnes heures ou chacun d'entre eux vont prendre la parole en me faisant passer pour le seul « acteur » de ce supposé échec ! Je ne développerai pas cet entretien qui restera un moment en moi comme un coup de poing en pleine face ! mais ce n'est pas le premier et comme d'habitude je fais face et, je me relève et je repars au combat encore plus fort… Rien ne m'arrête et surtout pas eux ! Je suis reparti du ministère la tête haute dans ces rues de Paris pour récupérer mon véhicule garé non loin, un des deux acolytes m'avait dit : « Si vous voulez, je peux vous faire réserver une place à l'intérieur du ministère » la fameuse réservation en fin de parcours, celle qui sonne le glas de la mort… La décapitation ! Comme la dernière cigarette avant la sentence finale ! Ils ont cru quoi ? me démonter ? me finir ? Non, il en faut plus… Je n'ai rien à me reprocher et même s'il fallait recommencer je reviens de suite !

Une situation « abandonnique »

J'ai acté cette situation en les abandonnant ! Encore aujourd'hui, un des bénéficiaires peut me dire que nous l'avons « abandonné » sur le chemin, nous lui avons fait croire que nous allions être là pour lui et nous allons l'accompagner à comprendre, à sortir, à essayer de vivre avec et surtout comment nous laisser après nous avoir mis face à tout le monde, tous les médias… comme des bêtes ! des personnes dangereuses et maintenant nous laissez dehors sans rien ! ils ne comprennent toujours pas…

Lors d'échanges avec un des bénéficiaires, il pourra me dire :

« Traumatiser pour vous cela veut dire quoi ? »

« Je n'en peux plus de faire une thérapie en faisant des dessins ! »

« Monsieur ! je ne peux plus écrire, cela me panique vraiment, j'ai peur quand je commence et cela me bloque… même par message cela me bloque. »

Un autre bénéficiaire pourra me dire :

« Pourquoi écrire ? Puisque c'est moi qui suis coupable ! pour expliquer quoi et chercher quoi ? »

« Par le passé, je pouvais écrire facilement, mais depuis que je suis sorti la vie a changé pour moi – on m'a mis dans une catégorie de personne RADICALISÉE et DANGEREUSE – vous m'avez accueilli dans votre centre et maintenant je ne suis plus personne, je ne peux plus sortir. »

« Nous avons été des cobayes ! »

Ils pourront me dire que nous n'avons pas fini, nous les avons laissés sans aller au bout de ce que nous avions promis de faire ! Certes ils ont raison, nous avons travaillé sur la CONFIANCE et nous les avons trompés !

Dans cet exemple et situation, la personne pourra me dire sans cesse depuis 2017 (fermeture du centre) qu'il est toujours happé par son esprit qui lui demande de partir, de retourner avec l'autre, celui qui lui a fait découvrir là-bas – au moins avec l'autre il est diffèrent, il est reconnu, il est quelqu'un et il n'y a plus de problème… là-bas la vie n'est pas comme ici, avec toutes ses obligations, là-bas tout le monde est identique, tout le monde défend la même cause, les mêmes idées, a les mêmes envies, besoins et ils s'entraident là-bas, ils se comprennent…

Souvent ils peuvent parler de reconstruction, dans une période de déconstruction de ce qu'ils ont vécu avant de rentrer en contact avec leur « rabatteur ». J'ai eu une discussion avec une personne qui a fait une rencontre sur la toile, ce magnifique objet de notre temps, aussi terrifiant que magique. Il Pourrat me dira et me rappeler une des premières conversations qu'il aura avec celui qu'il ne nommera pas :

« Nos ancêtres ont renié leur langue pour en adopter une autre et changer les coutumes d'antan, les vraies coutumes de nos ancêtres, ils se sont laissés assujettis par une poignée d'étrangers. Crois-tu que je vais payer de ma vie et de ma personne les dettes qu'ils ont contractées ? et pourquoi ? hé bien oui pour la liberté. »

« Notre Dieu à nous nous demande en tant qu'homme honorable et sincère de nous sacrifier, de faire don de sa jeunesse, de s'abandonner pour le suivre. »

« Notre tour viendra pour l'accompagner et mourir pour lui, pour des idéaux. »

« Tu dois oublier tout ce que tu as. »

Ce sont des exemples de discours que la personne a eu avec son contact, son confident sur la toile, mais je préfère dire son rabatteur, il sera toujours calme, serein, à l'écoute et surtout disponible – nous pourrions nous poser la question, et en particulier je vais m'intéresser sur les personnes qui vont jouer un rôle dans la mémoire collective des personnes embrigadés, en les inscrivant dans un processus de récits narratifs ou ils vont d'abord déconstruire ce que la pensée a pu acquérir pour leur inculquer un autre courant de penser et reconstruire leur vision et penser qui va se déployer dans le cadre d'une trajectoire d'embrigadement sectaire lié à un Islam radical en autre terme plus simple et utilisé par les médias qui parle plus au public, ils vont se radicaliser.

Cette trajectoire de la radicalisation vers une possible violence extrême que certains iront chercher ou voir trouver ce dont ils ont besoin, ce qu'ils vont pouvoir toucher du bout des doigts sans le maîtriser… Il y aura pour d'autres le virage de la violence politique, la violence identitaire ou plus encore expliquée dans des termes religieux – est celle que nous nommons de nos jours le « terrorisme » ce leitmotiv du XXIe siècle devient une préoccupation sociale, politique et militaire de plus en plus vaste. Ils pourront ainsi prendre une voix différente pour s'épanouir à leur guise chose que notre société actuelle n'est pas possible leur offrir. Ils vont être confrontés de suite par des images que les rabatteurs vont leur faire voir, des images horribles sur la misère d'un peuple, exclu, puni, seul ! des images d'enfants, des enfants morts sous les bombes des Américains et autres forces internationales telles que la France. La communication par l'image est la principale force de Daech et de ses innombrables « sœurs » et « rabatteurs ». Je m'arrêterai là sur le terrain de la communication, des sociologues et autres sémiologues se sont posés pour étudier toutes ses formes de communications et ils ont rendus des écrits plus précis que je ne pourrais le faire (il y a une personne telle que Bertrand Vidal qui a travaillé sur la prolifération d'images et ce qui augmente une certaine sensibilité chez l'humain).

Le terrain qui nous concerne est un conflit avec des aspects religieux et politique, mais dont les racines sont identitaires, ethniques et culturelles.

J'ai pu avoir des échanges avec des personnes en voie de basculement qui pouvaient s'orienter vers le fait de n'avoir aucune reconnaissance dans la société actuelle, aucune reconnaissance dans la famille, dans l'école et dans le groupe de jeunes de leur quartier. Ils sont exclus ! en dehors du système, personne ne s'en rend compte qu'ils sont là, comme le jour où ils en seront plus là, partis dans cette quête qu'ils leur ont offerte, avoir une place dans un groupe, construire ensemble, oui ensemble ils vont faire partie d'un groupe et pourront être acteur et donner leur avis (du moins c'est ceux qu'ils croient avant de partir, là-bas c'est autre chose).

Quand, encore aujourd'hui, j'entends de jeune du centre :

« Je n'en peux plus et j'ai encore envie d'y aller ! »

« J'y pense sans cesse. »

La seule chose positive est qu'ils me contactent et me disent ces maux, ils me déposent leurs émotions et sensations du moment – cette démarche est d'une simplicité – dans une relation des plus sincère ce qui peut être touchant et je l'accepte comme cela.

Nous savons tous que de se donner, se livrer n'est une chose pas aussi simple à faire de notre temps, de notre époque – la plupart des personnes qui reçoivent une information, à qui nous pouvons déposer une sensation ne sont pas toujours dans la même démarche et compréhension que nous. La confiance dans la relation commune, la confiance donnée et comme précédemment expliqué « le non-jugement » voir recevoir/écouter sans donner de réponse, simplement être là, une présence. Dans ce registre, j'ai eu un échange de messages par texto avec un ancien « bénéficiaire » qui avait une interrogation sur une expérience vécue :

Monsieur, j'ai un ami qui a rencontré une jeune fille sur un site, et elle lui dit sans cesse qu'elle l'aime et lui envoie des cœurs et des mots gentils, il ne sait pas quoi faire, car depuis deux jours elle lui dit qu'il faut qu'ils se marient ?

La jeune fille rencontrée sur ce site depuis peu, est de plus en plus instante – mon ami lui est content de tomber amoureux cela ne lui est jamais arrivé ! mais je trouve cela bizarre qu'elle demande déjà de se marier alors qu'ils ne se connaissent pas ? Comme vous dites, je pense aussi que cela peut dire qu'elle a besoin de papier pour venir en France, pourtant elle est vietnamienne ? je ne sais pas vraiment quoi dire et faire ? Il peut me dire que la jeune fille lui dit que cela lui permettra d'être ensemble et de finir ses études… Laissez tomber ! je suis désolé de vous demander des conseils là-dessus, mais cela me panique et si cela était vrai ou faux ? Bref j'arrête ! je vous demanderai des conseils quand nous nous verrons.

La personne pourra dès le lendemain matin vers 6 h 45, me recontacter et me dire toujours par texto :

« Je ne comprends toujours pas à vraie dire le pourquoi des deux côtés, eux comme vous, enfin je peux comprendre le problème n'est pas là, mais je ne comprends pas le pourquoi vous dites ils sont sensibles ? (Les jeunes du centre de Pontourny) Puis, vous aider en quoi ? enfin oui ! vous pouvez nous aider, je ne dis pas non, mais en quoi et sur quoi ? »

« Pourquoi vous vous battez autant pour l'image du centre ? »

Voilà un exemple de questionnement qu'ils ont qu'ils peuvent avoir dans leur quotidien et ils n'ont personne pour en parler, pour se livrer : je pense qu'une partie du problème se trouve ici ! Attention une partie du problème et pour certainement que quelques personne spas tous… Je peux dire cependant que dans la plupart des situations rencontrées et lues (environ 450 dossiers), je pourrais en sortir un diagnostic sur le fait qu'il manque chez beaucoup de jeunes qui sont en quête d'une identité un manque de repère affectif et un manque de pouvoir se poser et être entendu. Sur la seconde, le manque de pouvoir être entendu, j'en ai déjà parlé et évoqué cette sensation qui est prenante et très souvent exprimée par eux. Ils soient de familles de classe sociale élevée ou populaire de toute façon cela ne change pas grand-chose, qu'ils aient fait ou pas des études cela ne change pas grand-chose non plus. J'ai pu rencontrer et échanger avec de jeunes sortant d'études ou sortant d'ITEP cela ne changeait rien dans leurs visions des choses, dans leurs envies, mais surtout dans leur vision du bilan qu'ils étaient capables de faire, d'effectuer sur les années qu'ils avaient passé depuis leur naissance. Ils avaient un recul glaçant pour certains, mais très réaliste ! Un certain recul que nous n'avons pas, depuis les six dernières années je peux regarder tous les débats télévisés, je peux lire la plupart des commentaires et diagnostics sur la presse écrite et rare voir je n'ai pas en mémoire d'avoir pu entendre ou lire qu'ils n'avaient besoin de reconnaissance, ou j'ai une fois écouté une personne (que je ne connaissais pas) parler de place dans la société ! c'était un début… Un recul qui me laisse perplexe quand même, surtout sur ce point – le sujet de la reconnaissance, dans notre programme au sein du centre de Pontourny nous avions mis un accent sur la place des jeunes présents au programme, leur place doit être reconnue individuellement et aussi dans le collectif, nous avions mis en place des espaces et autres temps où ils pouvaient accéder libre de leur choix pour poser leurs sensations, envies, souhaits ou mal être là et de vivre le moment présent. La place donnée est importante dans notre projet, vison des choses – lors de précédente expérience j'avais pu m'apercevoir que dans beaucoup de situations et voire des situations qui ont donné lieu à des passages à l'acte différents sans une raison identique, mais lors des rencontres avec les acteurs des faits, j'ai pu entendre le manque de place donnée – il n'est pas simple de partir sur cette voie sensible, sensible parce qu'elle n'est pas la seule porte d'entrée dans l'extrémisme, mais il est vrai que je pose la question si elle n'est pas l'une des plus importantes ? Lors d'autres expériences de vies personnelles, j'ai rencontré et pu vivre des expériences des plus différentes avec des entrées et finalités identiques ! Je vais vous en livrer deux :

La première sera liée au monde la nuit et lors d'une expérience dans la sécurité, en qualité d'agent de sécurité – j'ai pu m'apercevoir que la majeure partie des salariés de l'entreprise avaient un point commun « ne pas avoir de reconnaissance au sein de leur couple/famille ». Depuis mon plus jeune âge, je me suis penché sur la question de l'humain et ce qu'il peut ressentir, le lien entre son travail/ses envies et sa vie personnelle, les faits et gestes de chacun… Et pleins d'autres questions – je peux dire qu'à mon tour je n'ai pas été compris au sein de ma famille et je n'ai jamais trouvé ma place. Revenons d'abord à mes rencontres et analyses que j'ai pu en tirer pour tenter de comprendre certaines choses, pour tenter d'entendre et ensuite accompagner pour éviter de les laisser partir et recommencer Lors d'une de mes expériences de nuit, j'ai donc travaillé au sein de cette société de sécurité à Lyon dans les années 85 – nous étions une équipe de 10 agents divisés en deux groupes de 5 et travaillant en alternance 7 jours sur 7 pour sécuriser un espace de parking sur 4 étages et avec deux côtes, un toit-terrasse et un sous-sol. Mon groupe était constitué de :

Un homme de 40 ans, chasseur, marié, deux enfants, qui n'a pas fait beaucoup d'études et ne sachant pas vraiment quoi faire… Il est issu d'une famille de Gendarme (son père est officier supérieur) il a connu une jeunesse stricte avec de la discipline, il est marié et sa femme travaille dans un métier qui la passionne. Il pourra me dire qu'il ne fait pas ce qu'il veut et de venir le soir ici avec son chien le pose, il me dit souvent lui c'est le seul qui peut me comprendre, il ne lui manque que la parole ! non enfin de compte je ne préfère pas qu'il me parle il pourrait me dire des choses que je n'ai pas envie d'entendre – il reste souvent seul à marcher dans les grands espaces du parking, il n'en parle à presque personne – nous aurons ensemble de longs moments où il me parlera de lui ! de ses regrets de mariage, de son père, de sa vie et de ses envies… Ses envies ! il en avait une avoir son permis de chasse ? oui pas une grosse envie, pas une très onéreuse... Avoir son permis de chasse à lui et partir avec son chien marcher dans les bois, il pourra dire « seul » avec son chien ! Seul avec son chien, j'ai souvent entendu cette expression d'être seul avec une présence pour échanger ou pas ? oui il peut échanger avec son chien, car lui ne lui répondra pas, ne le contredira pas ! son chien ne lui fera aucun reproche, ni ne lui donnera des ordres sur un ton négligeant. Au début cela me faisait rire ses expressions, puis j'ai fait des ponts avec moi – j'ai raccroché et rapproché les deux vies (à retravailler ce passage et cette phrase, voir à enlever).

Être seul sans être seul ? je connais bien cette phrase, je ne peux pas écrire seul dans mon coin, chez moi, il me faut du monde autour de moi, du bruit, des émotions, des gens sans parler à personne – je ne souhaite pas être dérangé... rester seul avec le monde autour !

Il pourra me parler des heures durant, nous nous posions lors de nos rondes obligatoires sur le toit-terrasse du parking, nous avions une vue magnifique de nuit sur Lyon illuminé comme rien au monde cet été 86 était chaud et la nuit aussi douce que belle et accueillante – la plus grande partie des gens que j'ai rencontrés qui avaient se mal de vivre, de n'exister que par la nuit qu'au travers de la nuit, un monde à part, un refuge nocturne qui n'a pas son pareil... Cette fameuse expression ou l'on dit « la nuit tous les chats sont gris ! » c'est vrai que la nuit les différences s'estompent peu à peu. Nous nous posions sans nous regarder et il me parlait de lui, et ce qu'il ferait s'il était seul et avait la possibilité de faire ce qu'il voulait faire – jamais il ne parlait en mal de sa famille, des siens, ou des autres... Non, il parlait de lui seulement et simplement avec des mots simples, limpides.

Il avait des envies de liberté, de grands espaces, de forêts... Marcher, marcher sans jamais s'arrêter, sans avoir de but que de faire ce qu'il veut, d'avancer.

Il me dira que pour tout l'or du monde il fera ceux qu'on lui demandera si on lui donne cette place qu'il cherche même en abandonnant les siens – il y a là la double demande (je ne sais au moment présent quel mot dire ?). Je veux dire qu'il parle d'abandon et de s'abandonner pour avoir une place, pour sa cause… pour une cause et n'importe laquelle. Il était au bout du rouleau quand nous nous sommes rencontrés – un homme perdu une proie facile à cueillir.

En dessous de nous, il y avait la Gare de Perrache et une vie nocturne aussi, voire plus intense que le jour – dans cette vie nocturne il y avait des règles, des codes et des chefs pour sanctionner les dérives de chacun. À cette époque, il y avait dans les sous-sols, dans la rue un ancien boxeur professionnel (je tairai le nom pour ne pas le froissé lui, pas sa famille, car il était seul) il fut une personne avec qui je passai des heures à discuter, il avait en « gestion courante » une partie des dits « clochards » qui faisaient la manche dans le métro entre la place de la république et Perrache. Cette tâche, il l'avait gagné si l'on peut dire par sa réputation de boxeur professionnel ou il avait pu glaner des titres nationaux et surtout internationaux. Il pourra évoquer la fin tragique de sa carrière et le basculement dans cette nouvelle vie de la nuit et la gestion d'une équipe de personnes qui font la manche pour lui – il leur donne une sécurité, un espace tranquille, sûr et ils peuvent travailler pour lui et gagner de l'argent… La nuit est ainsi ! Il a basculé sur la fin de cette magnifique carrière, où il connaîtra la gloire, les honneurs et les déboires – personne ne lui tendra la main dans sa chute sans fin, puis il pourra dire que dans sa nouvelle vie, il a trouvé enfin plus de loyauté et de sincérité que dans celle des paillettes, de la gloire.

Il y a de la place pour tous, pour tout le monde, et chacun reste à sa place…

La nuit les hommes s'abandonnent sans fin, ils se lancent éperdument dans le désespoir du non-retour, de toute façon après la nuit, il n'y a que la mort !

« Dans l'absence de ce corps meurtri, je ne suis plus présent, comme la pluie d'automne je coule sans aucune retenue. Au calm de ces matins attendus, la dernière étoile brille en partant, j'en ai perdu le futur dans ce passé sans gaité. Sans réponse aux heures venues, devant ce monde appauvri, aux reflets de cette brume sans cie, mon image disparaît dans le miroir. »

L'abandon dans l'autre monde

« Être abandonné pour s'abandonner à cette nouvelle vie, à un nouveau mode de fonctionnement, des nouveaux codes, de nouveaux espaces plus grands, plus vastes de liberté sans contraintes, avec un chef pour nous protéger. »

Voilà une phrase qui de nos jours de ceux qui épousent la voie de partir pour trouver une vie nouvelle, un nouveau territoire de conquête, de nouveaux espaces à parcourir… libre ! Ils peuvent et certains emploient ces mots. J'ai surtout entendu ces mots sur ceux qui peuvent évoquer le départ sous une forme de faire de « l'humanitaire » aller donner de soi pour aider les autres au service d'une cause qu'ils n'ont aucune connaissance, aucun but que de donner de soi à d'autres et se sentir utile, apporter une aide qu'ils n'ont jamais eue de personne, apporter et tendre cette main à d'autres comme ils auraient tant aimé qu'on leur tende une main chaleureuse sans poser de question. Ils associent cette cause humanitaire à une nouvelle vie, une nouvelle renaissance… C'est aussi ce que les rabatteurs leur vendent, une renaissance ! Renaître et repartir à « 0 ».

Partir sur de grands espaces de liberté, sur des terrains à perte de vue, sans fin… Reconstruire une nouvelle vie « ensemble », reconstruire des villages, des villes, un pays. Fonder une famille, avoir un travail, être reconnu, être quelqu'un, avoir un pouvoir de décision…

Tous les deux avaient des quêtes similaires, sans avoir des départs dans la vie identique voir très éloignés, le chemin parcouru pour en arriver à cette finalité de quête est rapide et peut malheureusement être simple surtout sur la fin – au moment où je les ai rencontrés tous les deux, ils ne se connaissaient pas, ils ont fait un bout de chemin ensemble sans jamais aller plus loin, car aucun des deux n'avait la force de pousser l'autre, car aucun des deux ne pouvait… Ils étaient deux proies faciles ! à cette époque ne 86, les seuls rabatteurs de Perrache ne cherchaient que les jeunes filles (peu de garçons) qui avaient fuguées ou celles en errance pour essayer autres choses.

Ils passaient leur temps à jalonner les couloirs à la tombée de la nuit, à la fermeture des dernières lignes de train, de bus et du métro. Nous trouvions certains soirs deux voire trois jeunes filles seules abandonnées au monde de la nuit, à ce milieu terriblement chaleureux dans un premier temps, mais qui demande en retour de se livrer, de se donner entièrement à son protecteur.

Puis il y avait le second un grand mec, énorme de 2,10… 20 mètres voir plus, et de 150 kilos à 25 ans ! une montagne… Il faisait de la sécurité car avec son gabarit il ne trouvait du travail que dans la sécurité, il était certes « limité » intellectuellement – il ne se posait pas de question, il habitait chez sa mère dans les monts de lyonnais – il avait deux passions : la CB (ce mode que les routiers utilisaient pour communiquer entre eux sur leurs trajets de jour comme de nuit) cela l'occupait et lui offrait cette présence afin d'évité de rester seul, Il y avait un « chef de ligne » en la personne de Max Menier sur RTL et son émission les routiers sont sympa !

Ce mec immense et sans aucune cervelle ! vraiment aucune c'était même à certains moments terrifiant de l'entendre, je me rappelle cette carcasse, ce monstre de muscle ou de gras et cette cervelle si petite ! N'importe qui pouvait en faire ce qu'on voulait et surtout deux catégories de personnes : la première les femmes (elles pouvaient en faire une peluche et jouer lui à leur guise, mais elles ne le savaient pas !) et la seconde catégorie ; les hommes avec du tempérament et du bagout (des beaux parleurs).

Il tombera sur la seconde catégorie, la société de sécurité l'avait embauchée et avait très bien compris le fonctionnement du personnage, ils vont l'utiliser pour des travaux un peu spéciaux la nuit, comme effectuer la sécurité de personnes qui collent pour de la propagande politique sur des thèmes identitaires – il était aussi utilisé pour effectuer des descentes… Il était muni de batte de base-ball, de gants, de cagoule et à trois ou quatre ils se promenaient dans certaines rues de Lyon, de toute façon, ils sont couverts par de gros bonnets.

Le grand costaud était adepte de Cb militait dans un mouvement politique d'extrême droite – une de ses grandes passions était de se faire des jeunes des quartiers populaires… Il n'avait que très peu de sujets de conversation, lors du temps que nous devions obligatoirement passer ensemble pour effectuer les rondes et là quand il apercevait des « vagabonds », car à l'époque nous ne les appelions pas encore SDF, mais les « clochards », dès qu'il partait seul en tour de garde, et s'il croisait des « clochards » il s'adonnait à son sport favori de les gazer et ensuite les poursuivre en les frappants. Il pouvait faire cela en rigolant. J'ai pou évoqué cela avec lui à plusieurs reprises pourquoi ? et quelle sensation ? Il avait peu de mots pour le répondre que juste » ils n'ont rien à faire là » Mais je lui dis « ce sont des personnes et certainement qu'ils sont là car ils n'ont pas d'autres solutions » il me regarda avec son air ahuri… Et il sourit en me disant « arrête de dire des conneries, t'es con toi ! » Que dire ?

Quand il est rentré dans cette société de sécurité managée par deux frères, il fut tout de suite repérée par sa taille, gabarit et son manque de compréhension, un « objet » ils vont lui proposer de la sécurité en interne et des soirées nocturne pour leur compte personnel, voire certaines expéditions « nocturnes » où il devra dans un premier temps être à la sécurité de colleurs de parti politique et faire régner l'ordre – il pouvait rencontrer d'autres colleurs sur le chemin lors de campagne électorale et là c'est souvent la bagarre et c'est lui qui commence le premier.

Pour mieux le connaître et savoir comment il fonctionnait, j'ai aussi pour ma part praticité à des soirées avec lui, cela n'était pas très difficile de se faire coopter, car je suis grand, pratiquant des sports de combat, rugbyman et aussi à cette époque je devais faire environ 120 kilos sur la balance et un petit 1m90 ! Donc il me présenta aux deux frères et je fus invité à une de leurs soirées au château le point central des réunions et manifestations, ses soirées qui se déroulaient en deux temps, la première être présenté au groupe avec des échanges liés sur des thèmes du racisme, ensuite après avoir bu deux mecs nous emmenaient dans des quartiers effectuer une expédition punitive, nous étions entre 10 et 15 suivant les soirées, j'ai participé à une seule sortie et dès que nous sommes arrivés en ville j'ai profité d'u moment pour m'extraire du groupe et les surveiller de loin.

Cette phase est l'intronisation, la cooptation pour être admis ensuite et faire partie du groupe, il faut monter que nous sommes capables et faire ses preuves sur le terrain. Mais pour ma part, je ne serais pas accepté au groupe !

Je vais découvrir un autre versant de sa vie, car sa vie se décompose en 4 versants : le premier son travail au quotidien, le second au sein de ce groupe d'expédition, le troisième sa mère avec qui il vit seul à la campagne et le dernier la CB – ou il monte la nuit sur les monts du lyonnais pour émettre et écouter les autres Cibistes (je ne me souvent plus son nom ou pseudo de cibiste) il avait une 4L bleue avec une énorme antenne dessus – oui ! Énorme comme, à l'époque en fibre de verre environ deux à trois mètres, et une queue de Davy Croquette pendue devant sous son rétroviseur. Avec sa mère, il a peu de choses à dire et arien sur un éventuel père ! Il consacre sa vie et la partage entre son travail, être cibiste et écouter les conversations de la nuit comme ambulances, police… Au travers des échanges il a pu me dire se sentir avec eux être tantôt policier, tantôt ambulancier ou pompiers et certainement rêver ! Il avait besoin d'exister, d'être… Je vais quitter cette société de sécurité au bout de 6 mois pour aller travailler ailleurs, je n'aurais plus de nouvelles et je n'ai pas garder de contacts avec eux, par contre j'ai pris des notes de cette expérience et rencontre cela sera pour moi le début de mes prises de notes sur la vie, je commence à poser des mots sur ce que je vois, sur ce que je peux comprendre et je vais mettre mes mots à moi ! ¨Pas si simple, et encore aujourd'hui.

Sur ces deux expériences de rencontres au sein de la même entreprise, deux personnes qui ne se parlaient pas, deux personnes de vie différentes, d'âge diffèrent, de famille et groupe social diffèrent – mais avec tous les deux la même problématique « le manque de reconnaissance », tous les deux n'avaient pas d'amis, tous les deux étaient seuls, seuls dans le groupe, dans la famille, dans le travail, dans la vie ! Ils avaient tous les deux se besoin d'exister d'être utile, que l'on s'intéresse à eux…

Même si le grand costaud fut reconnu pour sa taille et son poids – il fut surtout pris, car il n'avait rien, aucun but, seul, isolé et même dans son groupe il était seul, personne ne lui parlait, ou à certains moments un des deux frères passera près de lui pour poser une main sur son épaule et là ! Vous auriez vu son regard, il était fier que le boss fût avec lui, que le boss lui mette la main sur son épaule, à ce moment-là il était une autre personne, mais aussi le boss savait qu'il pouvait lui demander ce qu'il voulait et il savait qu'il dirait OUI à tout. C'est impressionnant la force de ce geste, le sens donné ! à ses yeux il vaut tout l'or du monde ! la reconnaissance du Patron, ou même une simple marque d'affection du père ? je ne serais pas dire à ce moment-là. Il pense à son père ou pas ?

Il y a une chose que je veux dire, c'est qu'à cette époque, il n'y a pas d'internet, pas de réseaux locaux, pas de téléphone portable, pas de nouvelles technologies – nous sommes comme disent les jeunes d'aujourd'hui « dans l'ancien temps » dans un temps ou l'humain, ou la relation, la rencontre avait dû sens ou du moins avait plus d'importance et de poids qu'aujourd'hui, ou pour intégrer un groupe, un mouvement, un parti à une idéologie, il fallait être coopté, il fallait être convié, invité… De nos jours, c'est complètement différent la première démarche, la recherche sans vouloir trouver, cet abandon, cette perdition dans la toile d'internet. À l'époque s'ils avaient eu tous les deux internet à leur disposition ils auraient effectué la même chose que les personnes d'aujourd'hui et certainement qu'ils seraient tous les deux allés plus loin et voir accepter des choses en échange d'un avenir meilleur. Dans les mains d'un de ces rabatteurs du net, ils n'auraient fait qu'un feu de paille et ce seraient laissé embarquer dans des contrées imaginaires lointaines, ils auraient accepté pour « être » voilà la différence et aussi la crainte quand nous n'avons aucune maîtrise de tout ce qui se passe sur la toile du net !

L'abandon, l'abandon de soi…

Là encore sur ces deux rencontres l'abandon est la clef comme la reconnaissance – cette personne qui avait fait le texte pour mon intervention à Montpellier et elle a insisté sur

« Ne nous abandonnez pas ! »

Pas simple de nos jours de pouvoir reconnaître qui est abandonné, qui a besoin d'aide, de reconnaissance, et comment les aider. Nous nous sommes depuis quelques années de plus en plus isolés sur la toile, dans la vie de tous les jours et sans s'en rendre compte. Juste un exemple flagrant et qui me fait mal, mais il est aujourd'hui l'image de notre société « nous savons ce qui se passe de l'autre côté de la planète et rien sur la possible souffrance de notre voisin ».

Je suis un adepte du camping depuis mon enfance j'y vais pour son ambiance, ses bruits, mais surtout pour les rencontres que nous pouvons faire à tous les moments de la journée – hé bien même le camping a changé, lors de mes dernières vacances au camping avec mon fils et un ami à lui je vais comme chaque soir à l'animation du camping, je prends un verre – de chaque côté de moi des familles, mais une chose, une choses est marquante et identique, ils sont tous ensemble autour de la table, ils sont en « famille », mais tous sont sur leur portable, la tête basse, sans se regarder, sans partager, sans s'écouter, se comprendre, se sentir, savoir ce que l'autre ressent, sa peur, ses craintes, ses angoisses, ses joies et certains avec des casques ou écouteurs. J'ai déjà entendu des parents me dire : « Pourtant nous sommes ensemble en vacances ».

Nous sommes tous connectés, connectés à quoi ? Pour quoi ? Un autre souci est qu'avant nous pouvions regarder un paysage et en échangé ensemble, donner son avis et débattre de chose… Aujourd'hui c'est chacun pour soi, chacun dans son coin, dans son monde, son monde virtuel – le téléphone comme un « doudou » sans cesse connecté pour s'occuper, se sentir utilise.

« Face à mes solitudes, je fouille mes résignations, de ces nuits aux couleurs criardes, en vain, je me te cherche »

À la recherche d'un ami !

Cette sensation d'abandon nous l'avons tous vécu au moins une fois dans sa vie qu'elle soit personnelle, soit professionnelle – nous avons tous eu cette sensation de perdre quelque chose, de ne plus sentir pouvoir aller au bout, tout se défile sous nos mains et… plus rien ! Le vide. L'absence, l'abandon – quelle chose de terrible que de sentir que nous pouvons tout perdre en une seule seconde, de ne plus être pour personne, d'être exclu, abandonne, ne pouvoir être accepté sans savoir pourquoi il y a ce rejet de vous.

Depuis mon plus jeune âge, j'écris, je note et surtout je m'intéresse à l'être humain et ce qu'il peut ressentir, avoir besoin, de ce qu'il lui manque. J'ai toujours posé les mots et autres impressions sur papier quand cela m'était possible, avec mes mots à moi et là ce n'est pas simple, car j'ai ce souci de ne pas avoir fait les études suffisantes déjà pour écrire correctement – passer au stade de poser des mots, faire des phrases et se dire je vais faire un livre ! Une étape compliquée en passant par des doutes, des craintes des autres. Je dois lire, relire mes phrases sachant que de toute façon il y aura des fautes mais pas seulement d'orthographe, mais syntaxe, de grammaire. Encore aujourd'hui sur cet ouvrage je coince, je n'avance pas et il peut m'arriver de na pas oser mettre un mot ou une expression avec cette crainte d'être jugé ! ce fameux jugement, celui qui détruit.

Beaucoup de personne lisent en corrigeant les fautes sans vraiment comprendre le fond, juste pour dire « c'est honteux toutes ces fautes » certes mais tout le monde n'a pas eu la même chance ! Et là on exclut, on cloisonne, on abandonne… Pour ma part dans un premier temps avec cette faille importante du passage à l'écrit j'ai mis en place une technique pour mémoriser et classifier dans ma tête, des classifications par casiers qui me permettent à chaque mot clé d'ouvrir le casier et d'avoir accès à ce que j'avais rangé – cette technique de mémorisation m'a pris du temps à instaurer, j'ai perdu des idées en la travaillant, mais avec le temps j'ai des mots qui me reviennent… Donc inconsciemment cela fonctionnait déjà sans m'en rendre compte.

J'ai pris goût à faire travailler mon cerveau de telle façon – mais depuis une dizaine d'années j'utilise beaucoup le crayon/papier, car je trouve cela très agréable de poser des mots et faire des phrases. J'ai connu des similitudes lors de rencontres avec des personnes en voie de basculement qui ont eux aussi envie de poser des mots sur leur vie et ne se donne pas ce droit de peur de commettre des fautes et être stigmatisé, de peur d'être encore jugé ! Se situer en marge, seul… la stigmatisation ! un jour en cours de mathématique, j'étais en 6e et au fond de la classe, car je me sentais non compris et pas accepté des autres, j'étais un peu enrobé, de l'embonpoint « gros » ou le « gros sac » comme disaient les jeunes de ma classe et cela pouvait me peser par moment, donc la seule option que j'avais était d'être derrière tout le monde, comme cela, ils ne pouvaient pas me voir et rire de moi. Toutes les personnes qui sont derrière dans les classes ne sont pas les plus mauvais élèves ! donc au fond de cette classe j'écoutais attentivement le cours de math qui m'intéressait – le professeur un homme énonce le sujet et dicte à voix haute le problème de calcul, c'était un problème de type ; dix personnes montent dans un train, le train part de telle ville pour se rendre à telle ville, il doit s'arrêter et prendre six, puis onze et descends quatre, et montent deux, et ensuite… Le train parcourt 250 kms à la vitesse de 120 kilomètres à l'heure, sachant qu'il s'arrête huit fois et perd neuf minutes à chaque fois, combien mettra le train pour parcourir la distance ? à peine fini d'exposer son problème que je lève la main pour donner la réponse, pourquoi ce jour je me suis dit lève la main pour parler et dire ce que tu penses ? C'était la première fois !

Auparavant je ne fais jamais cette démarche ! Bref, une fois la main lever je donne fièrement la réponse et étant sûr de moi ! Tout le monde se retourne étonné et m'écoute et le maître reste sans un mot, la classe sans un bruit, comment as-tu fait ? me répond le maître. « Hé bien j'ai écouté et au fur et à mesure j'ai calculé ! »

Menteur ! ce n'est pas possible ! tu auras deux heures de colle pour avoir triché et menti ! Merde j'avais la bonne réponse, mais comme je n'étais un bon élève et devant le prof en classe, mon dossier n'était pas très bon, voir quelconque donc je n'avais pas le droit d'avoir accès à la bonne réponse ! Toute la classe va rire et se moquer, je fus invité à quitter la classe et me rendre à l'extérieur ce fut le début pour moi de me battre et combattre cela pour le reste de ce qu'il me reste à vivre… Mon combat, ma quête, mon graal…

Je ne dis pas que l'école est la cause de tous les basculements, que l'école aurait pu prévoir et faire attention à tous les faits et gestes de ces instituteurs, professeurs ou autres enseignants, je dis seulement que pour mon cas est le cas de beaucoup de personnes rencontrées – ils n'ont pu trouver leur place au sein de milieu scolaire, ils furent exclus, mis à l'écart et abandonnés. J'entends certains qui diront que l'école n'est pas là pour remplacer la famille, et faire l'éducation des jeunes ! Mais quelque part SI. Je ne veux froisser personne et certainement pas les enseignants qui font ce qu'ils peuvent avec les moyens qu'ils ont à disposition – entre ceux qui ont des classes de 25… 26… 28… voire 30 élèves et ceux qui sont lancés dans le grand bain à tout juste 23 ans ! Il y a ceux qui débutent sans aucune expérience de la vie, du métier, de la gestion d'une famille et ceux qui sont blasés et en fin de carrière, qui ne se remettent plus en question ! là le bât blesse, il y a à faire et rapidement, car nous allons devant des problèmes qui vont s'accentuer au fil des années.

Nous n'avons cessé de stigmatiser, de montrer du doigt en commençant par les « bonnets d'âne » puis plus tard, les classes de CPPN et enfin de nos jours les classes ULIS, ou voir pire il a été décidé de garder les jeunes jusqu'en 3e est-ce utile de traîner ces jeunes jusqu'en 3 éme ? de les obliger de rester ? Avec un corps enseignant qui ne sait pas gérer ce type de personne, car ce n'est pas leur métier, c'est le rôle des éducateurs, de psychologue. Oui nous sommes partis dans une course effrénée à la réussite scolaire et sociale, avancer sans se retourner, avancer au détriment de ceux qui ne pourront pas et resteront à jamais derrière, avoir les meilleurs taux et chiffres de réussite, avoir le moins de problèmes identifiés au rectorat et autres instances décisionnaires du département, région et état.

Pourquoi ? tout le monde vous dira Oui ! il faut arrêter, oui ! il faut réformer et se poser… Mais aucun homme ou femme politique ne l'a fait et le fera. Le sacrifice de l'argent au service de l'humain, nous avons une vision à court terme, une vision sur un mandat électif, une vision encore plus restrictive que cela, car lors de la première année du mandat les hommes et femmes politiques ne font rien et débutent à la seconde, mais avant de prendre une décision ils sont déjà dans la troisième, la décision peut se prendre dans la quatrième… mais la cinquième arrive et c'est l'année de la réélection donc on ne fait rien pour gagner le maximum de voix et ne froisser personne, ne pas froisser ses électeurs ! Donc on n'avance pas, on recule sans cesse et nous avons sans cesse des promesses non tenues. Le plus dramatique chez nous, c'est que tout le monde le dit même les politiques qui ne sont pas élus et voir surtout EUX et quand ils sont au pouvoir et qu'ils ont les reines des décisions, ils vont vous sortir « avant ils ont fait pareil ! » ou « ce n'est pas simple, on va réformer » ou « nous allons vous écouter et voir ce que nous pouvons faire, mais il faut du temps il faut d'abord un diagnostic » et en plus ils vont comme à chaque fois (et je l'ai vécu) prendre des personnes pour établir un bilan de la situation actuelle, faire des préconisations, puis au bout de deux ans ils ne font rien, car ils arrivent à échéance et cela aura coûté une somme astronomique et ne servira à rien, car ceux qui arriveront au pouvoir ils ne reprendront pas les travaux des autres, même s'ils sont bons ! et surtout, ils recommenceront des études et engager des sommes énormes pour rien ! Depuis 1981, je n'ai cessé de voir cela sans que rien ne se passe. Il y a des modèles dans d'autres pays européens, ils sont ce qu'ils sont, est-ce qu'il faut copier ? et adapter ce qui se passe et fonctionne ailleurs pour le refaire différemment chez nous ? Je vous dirais oui il faut essayer.

Nous restons sans rien faire ou si des petites réformes… Cela me ramène à une Députée LREM qui en revenant des States dira aux États-Unis les Américains disent de nous « en France vous faites tout en petit » « un petit café » « un petit moment » « un peu de temps à me consacrer ».

Tout est petit ! Certes ils ont raison, il ne faut pas non plus tout faire en grand, mais il faut penser en grand et sur du long terme pour des choses aussi importantes que l'école et la formation professionnelle « l'enseignement » et l'éducation.

Pour ma part, j'avais cette vision des choses jusqu'en les années 2000 ou j'ai changé de vision et d'envie, je souhaitais voir différemment les choses et la vie « en grand » en restant les pieds sur terre.

Mais quand vous êtes dans un pays qui attache le plus d'importance à vos diplômes, à vos titres, votre classe sociale, votre représentation physique avec le culte du corps et de la personnalité « être » et « être reconnu » j'ai souvent eu quand je travaillais au sein des EPIDE une phrase que j'écrivais au tableau « est-ce qu'il vaut mieux réussir sa vie ou réussir dans la vie » ? Cette expérience au sein des EPIDE et d'animer des cours furent pour moi fut une grande découverte et réussite. Moi, le jeune qui est sorti du monde scolaire péniblement en 6e après une suite d'échecs et à qui on a choisi une orientation sans me demander ce dont j'avais envie, ce que j'espérai faire ! je me suis retrouvé debout dans une classe, une salle de cours au tableau face à des jeunes ! Oui, j'entends déjà certains dire : « Hé, tu n'es pas prof, ce ne sont que des jeunes qui ont raté leur vie » certes vous avez raison sur le début, mais pas sur la fin ! Oui je ne suis pas prof et je ne le serais certainement jamais et surtout pas en France, car en France il faut un diplôme même si nous ne sommes pas capables d'enseigner ! il suffit d'avoir le titre après on s'en fout ! Malheureusement, j'ai connu plus de personnes avec des diplômes et incapables, que des personnes sans diplômes qui faisaient l'effort de comprendre pour réussir. Les jeunes n'avaient pas raté leur vie, ils n'ont pas eu la chance de pouvoir s'exprimer et la vie non la société les a laisser de côté.

La formation professionnelle est importante, il est important d'accompagner cette formation au sein des entreprises, mais sans la sacrifier – le CAP il y a trente ou quarante ans, il fallait 3 années pour un CAP, aujourd'hui il faut 8 mois ! Des formations et diplômes qui sont dévalorisées, J'ai ce débat encore aujourd'hui dans ma nouvelle expérience professionnelle au sein d'une MECS (Maison pour enfants à caractère sociale) dans le Rhône association du Comité Commun – à la prise de mes fonctions le 4 mars 2019, j'ai sollicité le département à ouvrir un « accueil d'urgence » au sein de notre bâtiment et mettre en œuvre un nouveau projet « expérimental » avec une équipe de 12 éducateurs, 2 maîtresses de maison, un prof de sport, psychologue (avec une mission différente) 1 coordinatrice et 1 chef de service.

Le projet est une expérience qui se veut novatrice, et s'inscrire dans une nouvelle vision de notre travail, décloisonner et s'ouvrir – au début j'avais une équipe qui était présente, mais au fil des semaines elle va se décimer pour perdre 10 éducateurs (rices) sur 12 et tous des personnes diplômées de moniteur éducateur ou la plupart des éducateurs spécialisés. À deux mois de l'ouverture du projet, il a fallu que je retrouve 10 nouvelles personnes, les former, les investir du projet… J'ai dû dans un premier temps déposer une offre d'emploi sur le site de pôle emploi en qualité de moniteur éducateur à temps plein et CDI (Contrat à durée indéterminée) et une autre de éducateur en CDI à temps plein aussi – j'ai reçu près de 25 cv de personnes diplômées ! mais elles avaient toutes entre 19 et 22 ans ! j'ai reçu 15 personnes en entretien et à la suite de ces entretiens, j'ai retenu deux personnes, deux jeunes filles de 19 et 20 ans fraîchement diplômées, mais avec des expériences de vie autres, comme serveuse, saisonnières, femme de ménage, et aussi des histoires de vie personnelle pas si simple et avec lesquelles elles ont su rebondir et les utiliser pour avancer. Pour les autres, j'ai eu droit à « pour les pauses on fait comment ? » « Le salaire et négociable ? » « Si je travaille plus de temps que 35 heures comment cela se passe ? » « Vous prenez que des personnes diplômées au moins ? »

Sans compter les…

« J'espère que les moniteurs n'ont pas le même salaire que les éducateurs. »

Et les Jeunes et le projet ? et l'envie de travailler, d'apporter de soi de son vécu ? non rien !

Donc, au dernier moment, j'ai changé ma vision des recrutements et d'axes de recherches – j'ai déposé des offres dans des centres sociaux et salles de sport et là j'ai rencontré des hommes et femmes motivés, avec des vies toutes différentes et complémentaires, à chaque rencontre j'ai validé un recrutement ! Eh bien les deux seuls diplômés du titre de moniteurs éducateurs sont venus voir le chef de service pour une rencontre, car elles ne comprennent pas que les personnes non diplômées soient rémunérées comme eux ! on en revient à ce fameux diplôme qui sanctionne et divise.

Nous ne regardons pas les valeurs humaines, l'état d'esprit, ce que l'autre eut apporté au collectif, au groupe, à l'ensemble, au projet non ! Nous regardons, d'abord est-ce que tu as le diplôme ? Si tu as le diplôme donc ok tu dois être bon, Sinon non !

« M'imprégnant de mon amertume, je referme mes tourments, dans ce coffre terne et obscur, des souvenirs dormants de ma jeunesses. »

Les jeunes et « l'Exclusion sociale et professionnelle… »

Et la famille qui a démissionné ? Pourquoi ? Et à quel moment cela a dysfonctionné ? C'est difficile à dire ! On entend souvent (dans nos métiers) des familles nous dirent : « Je n'y arrive plus » « il faut nous aider ».

On y arrive plus ! Comment cela est possible de nos jours de plus y arriver, alors que par le passé comment faisait les parents ? Est-ce que les structurations monoparentales sont plus fragilisées ? Est-ce que les parents sont plus laxistes ? Est-ce que notre société actuelle à vivre à deux cents à l'heure n'est plus adaptée ? Est-ce que la fin du service militaire est une bonne chose ?

Tant de questions qui restent aujourd'hui sans réponses ! Il manque tout cela, nous avons lancé des programmes sans être attentifs aux répercussions sur le long terme… Nous avons laissé des familles, des jeunes sur le chemin sans se soucier de ce que nous pourrions leur apporter et les répercussions de ces défaillances, de ces failles de notre système. À quel prix tout cela ? au prix de nouvelles technologies qui nous dépassent, qui nous ont dépassées et maintenant nous en sommes plus en mesure de les maîtriser ! Nous avons tous accéléré cette quête de l'internet, cette vitrine sur le monde virtuel, sur le monde du paraître, de tous savoir sur les autres, de montrer tous ce que faisons pour être vu, être reconnu… Deux générations se sont confrontées à cette nouveauté, les parents et ceux qui n'ont pas adhéré et les enfants qui sont nés avec ce monde virtuel. Tous sur nos écrans, nos portables, nos tablettes, tous seuls dans notre coin à communiquer ? Communiquer, il faut un émetteur et un récepteur.

J'ai entendu des parents me dire : « Je suis content, mon enfant s'instruit et il est calme sur sa tablette, et en plus je peux rester à côté de lui et faire ce que je veux ».

De moins en moins de parents prennent du temps pour jouer à des jeux de société avec leurs enfants, des jeux simples comme les dominos, les dames, les échecs, les petits chevaux, les mille bornes, le scrabble… De moins en moins, les parents sont eux aussi sur leurs portables pour envoyer des photos de leurs meubles, voitures, vêtements, plats cuisinés, se prennent en photo toutes les 5 minutes et les mettent en ligne sur des sites pour être vu, à la quête du nombre de vues et « d'amis » les nouveaux amis ! maintenant nous avons 10, 100, 1000… 1 million d'amis virtuel ! qui sont-ils ? Lors de l'expérience de Pontourny, nous avions au programme ces temps où nous pouvions évoquer les sites, les amis, les vues et des temps pour jouer à des jeux de société – certains ont découvert des jeux et ils ont très vite adhéré et en redemandaient chaque soir… Ils pouvaient exprimer que ces moments où nous pouvons échanger, discuter, rigoler, être ensemble ; à prendre du plaisir leur était inexistant avant !

Et des échangés sur les thèmes des nouveaux médias, et les modes de communications avec des éducateurs, psychologues et formateurs.

Lors de ces moments passés « ensemble » nous avions mis en place des espaces de jeux aussi du style ; ping-pong, volley, badminton et course à pied. Ils ont tous adhéré tout de suite, nous étions même au début pris au dépourvu de leur adhésion, puis très rapidement tout cela s'est mis en place et super bien déroulé oui une ambiance sereine et saine c'est instauré.

Certains d'entre eux ont découvert des activités sportives, d'autres se sont découverts au travers ces activités – je me souviens avoir participer à certaines de ces activités à la demande des personnes « bénéficiaires » du centre, elles avaient sollicitées les éducateurs et chef de service pour savoir si je souhaitais venir avec eux sur certains temps et participer à des temps de jeux, j'ai répondu deux ou trois fois favorablement sur les temps de jeux liés au sport et nous avons pu ensemble faire entre autres des parties de ping-pong ou nous évoluons tous autour de la table en tournant et renvoyant la balle à tour de rôle en essayant de mettre en difficulté celui qui doit à son tour faire l'effort de traverser la table pour rattraper la balle, ce jeu a pu nous cmmener sur des fous rires ensemble, simple et collectif. Dans ces moments, nous étions tous identiques, tous les mêmes des êtres humains tournant autour d'une table pour attraper une petite balle blanche insaisissable et jouant avec nous par ces rebonds insaisissables, nous étions tous pris par le jeu, par l'envie de finir la partie et mettre en difficulté l'autre, mais sans aucune forme de sanction plutôt de l'amusement, du plaisir. Les parties pouvaient durer plus de 1 heure, ils demandaient encore à jouer et les codes étaient cassés pendant cette communion, nous étions simplement des personnes qui prenaient du plaisir d'être ensemble et même ces temps me permettaient de m'évader du quotidien, ils devaient le sentir ! Lors de l'écriture du projet, j'avais dans un premier temps été attentif à inscrire ces temps de sport, ces temps ludiques en dehors du programme malgré qu'ils soient dans le programme… Des temps collectifs où nous sommes sur la découverte de l'autre à travers l'expression de son corps, de son esprit dans une activité sportive.

Nous avons pu recevoir de certaines personnes des retours qui ont favorisés des dépôts de vie, de sensation, de rendus sur leur expérience, sur leur venue, leur implication au programme grâce à ses temps « décalés » du programme, des temps posés sur un mode informel et en sorte que les « bénéficiaires » n'aient pas l'impression de se trouver dans un créneau obligatoire, et qu'il est la possibilité de se mouvoir, de choisir, de ne rien faire à leur guise.

Il se trouve que les éducateurs ont très bien investi aussi ces espaces de travail (car oui, pour eux ces temps étaient des espaces de travail, ou ils viennent tenter de déceler des choses, et comprendre d'autres) les éducateurs ont su se saisir de ces moments et ne pas donner lieu à une présence de surveillance, mais simplement à être des partenaires et répondre aux besoins et attentes des « bénéficiaires » se comporter comme des camarades de jeux.

Tous participaient, tous ! à des degrés différents et une intensité différente, mais tous ont participé. Il est vrai que nous avions un espace à notre disposition hors normes, un terrain de jeu idéal, ce qui ne m'est jamais arrivé avant dans le cadre de mon travail – 7 hectares de terrain, avec un terrain de tennis, une salle de sport équipée avec juste ce qu'il fallait pour être à l'aise et des salles et autres lieu pour se poser seul – le tout dans un cadre « idyllique » indiqué comme perdu dans une forêt d'arbres majestueux, des arbres qui ont traversé le temps, des arbres de types « sequoia » énormes comme je n'avais jamais de près, un des arbres devait faire 8 à 10 mètres de diamètre ! et peut-être plus, pour un plus de 300 ans !

Auprès d'un de ces arbres, j'ai pu vivre une situation unique – lors de notre journée d'intégration (oui lors de l'écriture du programme j'avais souhaité que les personnes qui suivront le programme au sein du CPIC 37 de Pontourny viennent une journée avec leurs familles, proches ou éducateurs, nous avions organisé une journée avec des visites, des rencontres de professionnels et un temps de repas partagés ensemble (personnel inclus)) lors de cette journée, un papa est venu avec sa fille – la situation était des plus complexe (dans un second temps de l'ouvrage je vais revenir sur les venues des bénéficiaires et les motivations) il est resté toute la journée, malgré avoir roulé plus de 5 heures à l'aller.

Vers la fin de la journée, son enfant (majeur) est dans une phase de « oui et de non » sans cesse et lui ne tiens plus, il demande de l'aide, de l'aide et encore de l'aide n'arrivant plus à la suivre et ne comprends pas pourquoi ? la situation personnelle l'épuise, et l'envahie à ne plus se retrouver, se reconnaître et il craint la suite de poser un acte violent et irrémédiable sur lui. Au bout d'une journée à attendre, il se décompose au fur et à mesure, il se pose et il peut me dire : « Cela fait du bien de pouvoir parler avec vous de ces choses et simplement, de ne pas être jugé, de pouvoir déposer des mots ! » « C'est lourd à porter, les gens ne se rendent pas compte de cela, que nous les parents qui avons des enfants qui basculent ! »

Des mots que j'ai souvent entendu que les parents me déposent, ils cherchent à vider leur sac… Je sors de mon bureau en cette fin d'après-midi pour de dégourdir les jambes, car depuis ce matin tôt je reçois les jeunes, les parents et les personnes qui les accompagnent les uns après les autres – cette journée se déroule bien et toutes les personnes qui devaient venir sont là, notre organisation n'est pas encore bien rodée, mais lors de notre prochaine journée d'intégration nous serons au point, je profite d'un trou dans mon programme de rendez-vous pour sortir de mon bureau, j'ai une baie vitrée qui donne sur un par cet cela me procure la possibilité de m'évader et me poser – j'aperçois au loin une personne que j'avais reçue en début d'après-midi collé contre un arbre !

Je marche à sa rencontre doucement pour ne pas l'effrayer, je m'approche de lui, je le reconnais le père de famille vu ce matin, je l'interpelle doucement – il est collé face au séquoia, les bras ouverts… il se retourne et je m'aperçois qu'il pleure… Il me regarde, nous allons rester quelques secondes à se regarder sans dire le moindre mot, de toute façon je pense qu'il n'attendait rien de moi que de le regarder et rester là ! Oui, rester à côté de lui simplement, sentir une présence qui lui procure une certaine sérénité. Je m'approche et je lui pose une main sur son épaule, il lève les yeux et me prend dans ses bras en sanglotant fort… Pris un peu au dépourvu le tien, mais avec modération, je le laisse déverser ses larmes et j'attends quelques instants qu'il reprenne ses esprits – il me lâche au bout d'un long moment, mais pas brutalement, doucement, et il me dira que cela lui a fait du bien de pleurer et d'être avec une autre personne, ce moment ne lui était pas arrivé depuis plus de deux ans, et surtout il n'avait personne pour le faire. Il se pose et commence à exprimer sa situation, et le fait de tenir l'arbre qui lui semble majestueux et d'une force terrible ; il a eu besoin d'aller chercher cette force et puissance – le tenir contre lui, il lui a sembler tenir une personne qui pouvait le comprendre…

Nous avons pu nous assoir au sol, dos à l'arbre et le sentir tous les deux contre nous, cet instant dans ma fonction de direction ou même dans mon travail est un moment que je trouve extraordinaire de vivre, cette complicité, cette simplicité. Nous n'avons pas tous la chance de s'asseoir par terre et travailler ! se poser, prendre du temps, prendre du temps et le donner sans rien demander, sans rien attendre en échange… Nous reviendrons chaque fois sur le fait d'être seul et abandonner, de ne pouvoir dire des choses, de ne pouvoir exprimer ces craintes, ces peurs, ces angoisses sans être jugé, être classer dans une case, dans une catégorie comme pourra me dire sans relâche cet autre jeune qui a participé au programme « depuis je suis classé dans une catégorie de personne dangereuse ! » nous allons rester le temps qu'il faudra assis tous les deux… au loin nous voyons les autres personnes partir les uns après les autres, le monde s'agiter doucement autour de nous et là à côté de nous des oiseaux chantent, la légère brise fait chanter les branches de l'arbre, il fait un doux sifflement qui nous apaisent et nous posent. Dans cette communion nous allons rester encore un moment-là, sans rien dire, puis nous allons nous lever et marcher jusqu'à retrouver le reste des salariés et sa fille.

Depuis ce jour, nous avons continué d'échanger et encore aujourd'hui après six années… Depuis toujours ce temps, il n'a trouvé d'autres personnes à qui parler, à qui il peut dire les choses.

L'abandon des familles face à l'éducation de leurs enfants ne date d'aujourd'hui, il y a toujours eu des familles qui rencontrent plus de difficultés que d'autres à éduquer leurs enfants – mais une question ou interrogation se pose !

« Il y a des écoles pour apprendre à tuer, mais aucune pour apprendre à aimer ses enfants, aucune pour être parents. »

Combien de nouveaux parents se sont retrouvés seuls, isolés, sans réponses à leurs questions – je me souviens que pour ma part se fut un moment de doute et étrange à vivre. Il était 1 h 00 voire 1 h 30 du matin ce 6 août 1995 quand ma fille L… Est arrivée, que dire de plus que c'est un moment merveilleux d'avoir un enfant, mais aussi quel moment étrange de se dire : « Mince je suis papa/père pour la vie ! Pour toute ma vie ! » Devoir transmettre quelque chose, devoir être là, devoir subvenir à ces besoins, ces attentes, la soutenir, l'accompagner, la maintenir, la soutenir, être là quand elle est mal, quand elle est bien aussi, la soulager, la comprendre, voire la surprendre, la protéger et l'éduquer ? Merde ! l'Éduquer ?

Je ne suis pas prêt et sommes-nous prêts ? éduquer ? je ne sais même pas si moi on m'a bien éduqué, comment je vais ou je dois m'y prendre ?

Je suis là posé sur mon canapé seul, dans notre appartement et j'ai devant moi posé à mes pieds, deux gros sacs avec mes affaires dedans – je suis rentré comme un automate, déambulant dans les rues sans reconnaître les rues pour aller juste que chez Nous ! Chez nous… Ce chez nous qui change de tout au tout, ce logis qui devient un espace qui verra et accueillera une famille.

Une famille, comment fonctionner une famille ? Comment je dois faire ? qui suis-je ?

Que dois-je faire ? Serais-je capable de lui donner ce dont elle aura besoin pour réussir, se battre, comprendre la vie ? je ne sais pas ? je doute de moi, de mes capacités de le faire

Il est là devant moi et me dit :

À quel moment j'ai raté quelque chose, à quel moment cela a basculé ? on discute et On remonte le temps depuis son mariage, la naissance de sa fille, du second enfant, son travail, la création de son entreprise, le dépôt de bilan, les dérives, l'alcool, un décès, une maladie, une perte… Un divorce ! On échange et j'écoute… j'écoute sans répondre aux questions justes en les réconfortant.

Quand je l'entends parler, les mots raisonnent en moi comme un écho qui me traverse le corps et me transperce – je peux à certains moments vivre comme cette situation. Les mots sonnent juste, mais ils ne changent pas, ne changent rien au quotidien à notre échange, le fait que je puisse à certains moments refuser cette vision des choses, que d'avoir une vision comparable voir identique puisse mettre toute sa vie au plein jour ! Qu'elle soit aujourd'hui jugée et vue : que son résultat soit transformé dans son ouvrage pour lui permettre à retrouver sa place face à cette haine si puissante.

La même chose ne s'est pas reproduite pour tous les enfants de ma famille me dira une mère en pleure ! pourquoi elle ? cette chose arrive aux quatre coins de France.

Nous voyons et pensons connaître le meilleur chemin à suivre, non pas un idéal ! un chemin qui nous semble bon, un chemin qui s'est construit au fil de notre vie trépidante ? nos pas tout le temps, mais d'une vie parsemée d'embûches, de remous, d'éclats… Nous ne prenons que le chemin auquel nous sommes habitués de prendre, qui nous sécurise, par habitude…

J'ai pu dire et me dire que la seule manière de sauver nos rêves serait d'être généreux envers nous-mêmes…

Nous sommes tous abandonnés… Notre monde va de plus en plus vite, il va trop vite pour certain ! et il laisse derrière lui d'innombrables familles et humains ne pouvant suivre la horde sauvage – une personne a pu écrire en 68 « arrêtez ce monde que je descende » les yeux fermés je peux mettre une image sur cette phrase, d'un train qui roule sans cesse et les gens qui courent pour l'attraper, certains pourront monter confortablement, d'autres resteront debout, dans le couloir, les uns contre les autres, accrocher dehors, sur le toit sans qu'on les aperçoivent et les ceux qui tenteront de le rattraper sans y arriver et les derniers restant sur le quai pour attendre le suivant, le train s'en va et du regard avec cette larme qui coule le long de leur joue.

Les cris, les mouvements des corps, les visages expressifs, la peur, la crainte… l'angoisse et l'abandon !

L'abandon nous entraîne dans le dépouillement de son soi intérieur, se diminuer, se sentir partir de l'intérieur sans pouvoir nous retenir… Atrophier de son esprit par une amputation de l'espoir, de vouloir, de savoir où ? de savoir ne pas plus savoir – partir s'affaiblir et être diminuer, voir déshonoré. L'abandon les amènent à se déconsidérer, se déprécier, ils se perdent en eux, ils se perdent sans revenir et pouvoir se retourner.

Cette méprise est associée peu après l'abandon qui n'est plus excitant en eux, ils sont déjà trop loin pour revenir, la déprime est arrivée les envahir, les prendre pour les emmener au fond… Certains pourront dire se sentir exproprier d'une chose qu'ils n'ont même pas eu ! Comment est-ce possible de sentir cette chose ? ils vont fuir, ils vont se fuir pour s'exiler et commencer le travail de déconstruction et aller vers la haine et ils pourront pour certains l'exprimer et à cet instant une forme de liberté, de soulagement les happera.

Où sommes-nous ? pourquoi nous ne sommes pas là pour leur prendre la main et les sortir de la vase et autres sables mouvants ?

Ils vont commencer à poser des mots comme : mépris et amour ! le mépris d'avant et l'amour de ce qu'ils découvrent, ce que l'on promet – ils vont vénérer et admirer cette voix qui les guident – ils passeront par différentes étapes et commenceront à s'agenouiller, chérir et idolâtrer cette image virtuelle qui leur permet d'être et d'avoir un objectif, une place ! ils vont le diviniser, l'élever comme l'immortel à leurs yeux.

Certains sans même le voir pourront l'illustrer, le décrire, le graver en eux de leur intérieur profond – ils sont embrigadés…

« Assis sur ce banc, face à demain et aux rires des enfants colportés par le vent. Assis là devant les années passées aux images qui défilent trop souvent pleurées. J'observe la scène de ma vie, les moments de dépit aux premières loges devant ce rideau toujours fermé. »

Comment pouvons-nous accompagner les jeunes empreints du djihadisme ?

Trois niveaux de prévention doivent être analysés afin de pouvoir tirer le bilan de l'efficacité des politiques publiques en matière de sécurité. En premier lieu, la prévention primaire consiste à lutter contre la radicalisation cognitive qui envahit peu à peu les esprits des jeunes et des très jeunes et qui se déploie au sein des réseaux, mais aussi des quartiers et parfois des groupes de jeunes eux-mêmes. Cette prévention se fait par l'éducation, l'inclusion sociale et l'envie de vivre ensemble.

Leur donner et pas redonner l'envie, leur dire qu'ils ont leur place et que nous avons besoin d'eux... Nous avons oublié tout cela ! Aujourd'hui il n'y a plus de place pour l'humanitude.

Le rôle de l'éducation

En second lieu, la prévention consiste à éviter le basculement de jeunes vers des actes radicaux qui les conduisent dans la délinquance ou le départ. Cette prévention intervient souvent après le signalement du jeune.

La troisième forme de prévention vise à favoriser chez les jeunes la rupture avec les idées terroristes et l'entrée dans un processus de résilience, puis de projet de vie dans le respect de la loi et des valeurs républicaines.

Nous avons peut-être raté un virage en 1995, lorsque nous décidons, lorsqu'ils ont décidé pour des coûts trop importants de supprimer le service militaire – il était ce qu'il était, mais il avait sa PLACE ! il était un rite de passage dans le monde adulte... Dans notre monde et système tout à un coût, une vie surtout et aujourd'hui que faisons-nous ?

Trop chère ! Nous avons arrêté ensuite la police de proximité et les éducateurs de prévention – fini l'humain place à la répression... Comment nos politiques ont pu se laisser mener par ces innombrables idées pour juste garder sa place et le pouvoir, voir l'argent des postes. J'ai pu voir de mes yeux lors de notre expérience « amer » que la plupart des personnes sont parties avant la fin, et mon laissé tomber pour vite rebondir et trouver une place avant la chute fatale et le jugement dernier. Ils sont partis sans se retourner et ils auraient pu voir la tristesse qu'ils ont laissée derrière eux, une misère sociale, une souffrance psychologique qui encore aujourd'hui ce résume comme une plaie qui ne se referme pas ! aussi bien chez les jeunes accueillis que les salariés.

L'école a aussi bien changé, mais est-ce vraiment à l'école de faire ce travail ? elle a aussi évolué dans le mauvais sens comme les autres choses, quand j'entends des connaissances du monde éducatif du cercle élitiste des enseignants ne pas vouloir aller au-devant par peur, par crainte et rester sur des missions alternatives comme le privé ou de vacations.

Sur beaucoup des cas lus, voire pour la majorité je pourrais dire que les jeunes ont connu une période de leur scolarité compliquée vois dure – ils ont rencontré des difficultés à se fondre dans la masse et faire partie de groupe.

L'Europe, si elle a beaucoup agi sur le deuxième et le troisième niveau de la prévention ainsi que sur les mesures de sécurité publique, elle a encore un retard important en matière de prévention primaire, c'est-à-dire, sur la radicalisation des esprits. Dans une recherche en cours que nous réalisée par l'Unesco, nous avons pu examiner de nombreuses pratiques de prévention de la radicalisation à l'international, et ces expériences nous ouvrent la voie vers une meilleure efficacité de nos actions. L'approche de l'Unesco, qui propose une éducation philosophique et un renforcement des valeurs humaines, peut-être ainsi consolidée par des expériences locales.

Le théâtre comme une arme

La tragi-comédie est alors une source évidente et naturelle de cohésion sociale. C'est ce même principe qui est illustré par la troupe de théâtre belge qui monte la pièce Djihad d'Ismaël Saidi, ou par l'action collective d'artistes au soir des attentats. Moins intellectuelle, mais relativement spontanée et rapidement virale, la réaction à la fois comique et engagée de certains jeunes offre elle aussi un contre-discours avec des vidéos telles que : « Marseille répond à Daech » ou « Un Africain s'adresse aux terroristes ».

L'ensemble des arts peut alors devenir des leviers de paix. Prendre la parole est un moyen de « dire et se dire », comme dans les ateliers « l'art de s'exprimer » mis en place au Québec par le Centre de prévention de la radicalisation menant à la violence. Le pays renforce d'ailleurs l'engagement des jeunes, tout comme le Canada qui propose une éducation à la citoyenneté à la lutte contre les discours xénophobes et racistes. Prévenir la radicalisation commence très tôt au sein de la famille, du quartier, de l'institution scolaire et des différentes organisations régissant la vie du jeune. La France, afin de renforcer les bonnes pratiques face à l'extrémisme, doit s'inspirer des très riches formes d'actions existant dans d'autres sociétés également menacées par le terrorisme.

*Séraphin Alava est professeur à l'université de Toulouse – Jean Jaurès. Il intervient auprès de l'Unesco sur la prévention de la radicalisation numérique. Et est expert sur la cyberviolence et les cyber discriminations auprès de plusieurs instances européennes.

Le modèle belge, et la ville de Malines (côté Flamand) à Malines appelée naguère le petit « Chicago belge » n'a connu aucun départ pour la Syrie et autres terrains de guerre, la ville a depuis de « longues années » misée sur les actions de terrain auprès de la population des jeunes. Ils ont opté pour une politique locale de sens, d'intégration et surtout de valorisation du tissu associatif, le gros du travail fut d'accompagner les associations à se développer et exister au sein de la ville et des quartiers, les aider, mais pas seulement financièrement, mais aussi les comprendre, les valorise et valoriser les jeunes aussi ! J'ai pu échanger avec des personnes en Belgique et de l'université de psychologie à Molenbeek.

Définition de la radicalisation

Je vais partir de l'explication simple de Fahad Khosrokhavar, cette définition me convient tout à fait et reprendre les termes qui sont les plus importants dans la transformation de la pensée.

« Par radicalisation, on distingue le processus par lequel un individu ou un groupe adopte une forme violente d'action, directement liée à une idéologie extrémiste à un contenu politique, social, ou religieux qui conteste l'ordre établi sur le plan politique, social ou culturel. »

De Fahad Khosrokhavar

La radicalisation : définition

Violence et idéologie.

Pour **Pierre Conesa**, la radicalisation est « le processus d'adoption d'une croyance extrémiste incluant la volonté d'utiliser, de soutenir ou de faciliter la violence comme méthode de changement de la société ». Les crises économiques et identitaires, comme celles que nous traversons actuellement, sont responsables selon lui de l'expansion de toutes les formes de radicalisation, religieuses et politiques.

Cependant pour **Farhad Khosrokhavar** : « Par radicalisation on désigne le processus par lequel un individu ou un groupe adopte une forme violente d'action, directement liée à une idéologie extrémiste à contenu politique, social ou religieux qui conteste l'ordre établi sur le plan politique, social ou culturel ».

La radicalisation est donc le fait de soutenir ou d'envisager des actions violentes en soutien à une idéologie, une cause qu'elle soit religieuse, politique ou même séparatiste. Outre la radicalisation religieuse, il existe une radicalisation d'extrême droite (Breivik en Norvège, ou Aube Dorée en Grèce), une autre forme ou mouvance d'extrême gauche (Les brigades rouges en Italie ou Action directe en France), ainsi qu'une radicalisation séparatiste (ETA, IRA…) Et enfin politique par la naissance sous Mitterrand du Parti radical de Gauche avec Bernard Tapie.

La radicalisation est donc un processus qui évolue en plusieurs étapes, et dont les causes sont multiples. Pour lutter efficacement contre ce phénomène, il est primordial d'avoir une action la plus précoce possible, lors notre expérience à Pontourny nous avons pu comprendre ce cheminement de construction et aussi pu découvrir l'évolution des comportements.

Les expressions associées à cette emprise sectaire, cet embrigadement à une cause liée à un islam radical et surtout extrêmement violent.

La « radicalisation », la « prévention » (désengagement) et « dé-radicalisation » qui sont largement répandus depuis les attentats du 11 septembre, notamment aux États-Unis. Ces concepts sont liés et connaissement un regain d'intérêt en France depuis les attentats de 2015.

La RADICALISATION est définie comme le processus qui conduit un individu à rompre avec la société dans laquelle il vit pour se tourner vers une idéologie violente en l'occurrence le Djihadisme.

La PRÉVENTION regroupe un ensemble de mesures concernant des domaines sociétaux variés visant à empêcher la radicalisation.

La DÉ-RADICALISATION vise à défaire le processus de radicalisation et à encourager la réintégration des individus concernés dans la société. Dans d'autres contextes, on emploie également le terme de « réhabilitation ».

Un mot me vient tout de suite à l'esprit au lieu de radicalisation « emprise », l'emprise mentale qui est loin d'être un épiphénomène. Le risque de l'emprise mentale est un enjeu fort pour nos démocraties modernes, Daech a bien compris cette nouvelle mesure et axe ses travaux de recherche sur cette voie. Je me suis aperçu avec le temps et mes recherches que Daech se nourrit des aspirations des hommes et surtout ils se sont inspirés des actions mises en place lors des dernières guerres en retraduisant les démarche/besoin et retour sur investissement, si je peux me permettre d'employer ce terme. Dans cette notion « multiforme », je m'explique plus loin lors d'une éducatives, de développement de soi, professionnelles et de réalisation de soi !

La question se pose : Es ce que ce phénomène sectaire est-il nouveau et offre-t-il un nouveau paysage à côté des grands mouvements clairement identifiés, structurellement organisés et aussi hiérarchisés ? nous avons vu ces vingt ou trente dernières années apparaître une multitude de groupes, microgroupes et autres nébuleuses qui des doctrines différentes, pratiques différentes et en se connaissent pas entre elles. Par contre, si le phénomène sectaire a changé de visage en accompagnant maintenant l'individu, l'emprise sectaire s'oriente vers une individualisation de sa doctrine et de ses actes à posés : cette mutation s'est vu accélérer avec les nouvelles formes de technologie et de communication et en particulier « internet », je pourrais parler de ses nouveaux microgroupes « d'état gazeux » de « micro bulles » émergent aux quatre coins de notre pays et sortant facilement de nos frontières… Internet a permis de communiquer, d'échanger au travers les frontières sans même se rencontrer, mais en épousant la même cause, sensation et besoin d'exister « d'être ». Les groupes bougent, changent et ne sont pas palpables, ils se construisent, se forment, se constituent et agissent très rapidement. C'est la transformation du nouveau monde sectaire qui se délocalise facilement, ce monde virtuel de l'endoctrinement sectaire qui le rend moins perceptible, moins évident ! Alors que l'emprise est tout aussi forte et les dommages pour l'individu et la société sont tout aussi grands.

La question que nous devons nous poser :

Est-ce l'heure de l'individualisme ?

« La liberté de conscience et affirmer celle-ci. »

« La liberté de conscience, reconnue comme principe constitutionnel majeur pour toute véritable démocratie et affirmer, la liberté de conscience, c'est reconnaître à chacun la liberté de croire et ne pas croire, de pouvoir s'engager et se désengager, d'appartenir à une communauté et s'en défaire. »

Des croyances folles défendues par des individus qui ne sont pas fous…

Comment est-il possible d'endosser des croyances aussi manifestement déraisonnables ? Une piste possible de résolution de l'énigme est qu'il faut bien distinguer soigneusement deux paramètres importants :

1/ La façon dont l'individu est conduit à croire ;

2/ La croyance constituée qui, rendue publique, est l'objet de la consternation des commentateurs et de l'opinion.

Le processus d'emprise, d'endoctrinement, d'engagement : il y a une adhésion au processus de constitution des croyances qui est inconnu à nos yeux ! Seul internet reste la seule vitrine sur laquelle nous pouvons nous positionner et passer des heures à scruter pour essayer de comprendre, décrypter et être à l'affût du moindre mouvement. Les sectes comme celle de Daech savent que si leur doctrine était connue dans l'intégralité par leur fidèle, ils en décourageraient beaucoup. C'est pourquoi le processus d'endoctrinement s'effectue par étape, par palier en douceur avec ne maîtrise totale du donneur d'ordres. La croyance individuelle est parfois « lente et progressive », cette lenteur est souvent traduite comme un chemin étroit, droit et facile d'accès, guidé par son auteur… Il offre une sécurité et se construit au fil des pas à ce que nous attendions de celui-ci ! Cette progression lente est instaurée de façon que la personne ne puisse opérer un demi-tour et ne puisse qu'avancer sur le chemin de l'adhésion. L'emprise se construit en plusieurs étapes : dans un premier temps ils installeront un état de confiance et aborderont des sujets autres que la religion, la phase « d'amorçage » commence !

Elle se traduit aussi par « premier contact » et Harris M. B. (1972) exprime cette étape de premier contact et expérimentera cette notion dans les rues des états unis. Il tentera l'exercice en demandant dans la rue aux passants « une pièce d'argent », il s'apercevra que l'acte brutal ne donnait que peu de résultats positifs, cependant lorsqu'il entamait la conversation par demander l'heure ou autre, puis en suite il demandait une pièce de monnaie, là les résultats furent plus fluctuants ! Il apparaît que dans certains cas, nous soyons plus enclins à faire taire nos méfiances lorsqu'un premier contact est établi. Les rabatteurs et autres personnes liées à cette fonction ou mission seront être attentif au premier contact, ils orienteront le suivant sur des axes qui vous toucheront, car ils auront ou posent des questions sans que vous vous en rendiez compte, ou simplement ils vont sur votre page Facebook voire vos centres d'intérêt. À partir de là, ils vont orienter les prochains entretiens et le contenu.

Le discours employé par les contacts sur internet sera au début sur des idées simples, évidentes que tout le monde peut admettre. Puis, petit à petit, les idées moins évidentes vont arriver et voir plus confuses pour certaines qui seront introduites dans un raisonnement cyclique qui reprendra ce que vous avez accepté un peu plus tôt et admis !

Vus du dehors… Les principes divins sont absurdes et sans logique et l'on s'aperçoit des dangers, mais quand on est dedans, la doctrine est forte et sans faille, quand vous êtes fragilisés par un échec de la vie, par une rupture sociale, psychologique et psychique vous entrouvrez la porte qui permettra de se laisser aller et d'accepter la suite ! Des situations suivies lors de notre mission nous avons eu en totalité des personnes avec cette « faille » ou « porte d'entrée » ils ont connus « tous » une période de doute, d'incertitude qui aura permis donc de laisser rentrer ce discours et l'admettre. Ils étaient déçus de la vie par une expérience ratée, un d'eux trouvera cette voie par la violence ou plutôt la petite délinquance de sa ville. Il sera facilité par un contexte familial difficile et/ou l'alcool et la violence verbale et physique est présente associée au chômage, il ira chercher le manque de reconnaissance au sein d'un groupe de copains et des petits délits de vols et autres cambriolages sans envergure. Cependant, au sein de ce groupe il est reconnu et peut s'exprimer librement, il est « quelqu'un », mais très vite sans s'en rendre compte il sera utilisé au début pour des délits plus importants par des plus grands et ils lui feront croire son importance et le valoriseront ! Là nous avons une des clefs et porte d'entrée de l'emprise et de la manipulation possible « la valorisation » pour ce jeune homme être valoriser est le GRAAL. À la suite de cette montée dans l'échelle hiérarchique de la petite délinquance lui donnera des ailes et il ne maîtrisera pas les conséquences qui en suivront.

« À partir de maintenant, je veux que tu considères chacune de mes requêtes comme un conseil divin, accomplis-le !
Autrement ta désobéissance creusera ta tombe dans le monde des mécréants, ne me désobéis jamais ! »

Cette notion de valorisation se traduit comme impuissance au sein des groupes de quartier, il est rare que celui qui est valoriser le soit véritablement et puisse trouver une place plus importante au sein du groupe et qu'il soit reconnu comme-t-elle. Ici, dans mon exemple de situation, le jeune adulte sera utilisé pour effectuer des délits, il ira en Belgique chercher des armes, de la drogue et autres substances interdites en France. Il sera fragilisé par le rejet suite aux faits et actes posés, et, la seule personne qui lui apportera de l'aide, car sa famille n'ayant aucun moyen financier et ne sachant pas faire aussi dans de tels moments, il se laissera faire ! Il acceptera cette « main tendue » sans se poser de question, car c'était la première fois que quelqu'un lui tendait une main, lui donnait de l'aide sans rien en retour… Après la suite est simple, ils lui ont tendu un Coran en lui disant que la réponse était à l'intérieur et qu'il devait la trouver seul ! Il ne comprenait pas au début, donc une personne lui a donné le début et l'a orienté sur sa recherche, sa quête… IL se réfugiera dedans sans retenue et tentera de comprendre la langue arabe, il ira à la mosquée tous les jours, changera sa façon de s'habiller, de manger, de vivre, de penser ! Il n'était plus et vivait par procuration à travers les souhaits et orientation de son mentor. Il acceptera d'être coopté et le sentiment de cette relation intime et personnelle avec son « mentor » l'amènera à changer de nom.

« Plus rien ne sera comme avant, plus rien !
Il venait de naître une seconde fois. »

La chose la plus importante ou celle qui lui donnait un sens se retrouve sur le fait d'être reconnu, d'avoir un but, une existence et des projets, il souhaitera au bout d'un moment revenir au sein de sa famille pour donner des ordres à ses parents et son frère pour les mettre sur le droit chemin, il pourra dire que maintenant il sait ! Il sera agressif et directif avec ses parents et leur indique comment vivre à partir de ce jour, il tentera d'imposer les rites du quotidien et sa mère fragile et aimante n'osera pas contredire son fils et pourra accepter certaines choses. Le jeune sera un tyran et s'imposera au sein d'une fratrie dans laquelle il n'était personne quelques mois en arrière, il ira même dans son quartier recadrer des jeunes et copains de son petit frère sur les choses à faire et ne pas faire. Il aura des copines et sera maltraitant avec et directif à leur imposer la tenue réglementaire « le voile intégral » et stopper leurs études ou travail.

« Plus rien n'était comme avant, mais j'étais bien monsieur ! »

Sa santé va se dégrader rapidement, est-ce que c'est son alimentation et là sa consommation de drogue ? Nous ne savons pas ! Pris en charge par une association, il va accepter de se faire soigner sans aucun souci, car nous restons dans le même axe « lui donner de l'importance et s'occuper de lui » et un suivi sera effectué. Le jeune se laissera guider sans rien refuser, il fera des allers-retours avec la mosquée et ne sera que faire ! Mais continuera à venir voir son éducatrice au sein de la structure de suivi, il sera entre deux chaises et ne pourra pas donner une préférence à l'une des deux parties. Je pourrais seulement rajouter que l'autre partie est plus fine et diplomate que celle de l'action sociale, car nous demandons au jeune de cesser de les rencontrer, de changer de comportements, que ce qu'il a vécu était mauvais et ce n'était pas vrai ! Un acte RADICAL ! Tandis que son mentor lui laissait du mou, mais avait toujours un bout de la corde et pouvait à tout moment tirer dessus et le faire revenir à lui sans couper les liens avec son éducatrice, en aucun moment il démontait le travail effectué, mais continuait son travail de fonds. Là est à différence entre les deux parties, et ils sont très malins, voir plus que les éducateurs dans cet acte seulement… Il est important que nous ayons la même façon de procéder et de faire dans notre accompagnement éducatif, ne pas les couper brutalement. Nous avons souvent entendu de leur part qu'ils souhaitaient couper les ponts avec le passé, mais que le discours est toujours présent, donc eux aussi ! Le jeune à qui on a tenu ce discours et n'inscris dans une démarche de suivi, n'abandonne pas cependant pas du tout sa croyance, et cela pour la bonne raison qu'elle s'est construite progressivement et que ce processus a contribué à lui conférer une cohérence à laquelle son esprit normalement constitué ne renonce pas facilement à revenir en arrière ou vouloir annuler celle-ci. Le caractère graduel de la formation des croyances sectaires empêche le croyant d'avoir conscience du processus dans lequel il s'est engagé, et cela, alors même qu'il s'enfonce dans une foi qui ne cesse de l'isoler, il se retrouve confronter à une double information, alors que celle qu'il croit à ce jour lui a été donnée ou transmise par une personne qui l'a aidé de sortir de cet état de léthargie. J'ai pu entendre et lire, que les croyances que nous endossons sont liées de façon probable aux caractéristiques du passé cognitif, au passé quoi ! À ce que nous ont transmis nos parents, cette fameuse éducation qui revient au galop. Ce socle, les fondamentaux de la vie…

Que sont-ils ? Que valent-ils ?

Le marché cognitif que nous fréquentons volontairement ou involontairement, ce que l'on nous a donné et ce que nous voyons ou allons chercher, si nous partons du côté de l'involontaire et ce que nous allons prendre inconsciemment des personnes que nous allons rencontrer tout au long de notre vie. Il est estimé que sur une vie, nous pouvons rencontrer au moins 550 personnes différentes des unes des autres, disons que notre jeune à son âge a pu rencontrer environ 5 à 10 nouvelles personnes par semaine, je baisse la moyenne qui se trouve à 17 voire plus – mais le jeune qui nous concerne lui a une activé qui de fait reste en majeure partie avec les mêmes personnes au quotidien. Cela donne un nombre de personnes qu'il a pu rencontrer en négociation cognitive, sur ce marché cognitif il va faire ou a déjà fait le choix des informations qui lui sont arrivées et il a fait un premier tri immédiat qui sera en lien avec ces intérêts du moment, il fera rentrer en lui et ses informations en les traduisant a ses idées et orientations, il va les modifier et les interpréter de façon à se retrouver et y trouver son compte. Il aura aussi des informations qu'il ne comprendra que plus tard ! Sur ce marché cognitif, il rencontrera aussi les éléments des canaux extérieurs comme la télévision, la radio et autres biais, il en découle des informations intuitives qui semblent banales à tous, et qui pourront demain être disponibles sur le marché des idées.

Nous pouvons aussi établir des comparaisons entre les phénomènes religieux et sectaires ou dits sectaires qui utilisent des méthodes de conversion semblables à celle des témoins de Jéhovah, en passant par le contact humain dans un premier temps, puis le placement d'un livre ou de textes décrivant la fin inexplorable du monde annoncée par la bible… Ils demandent de lire ses écrits et voir incitent les futurs candidats, ces lectures emplissent l'esprit de la personne concernée jusqu'à que ce dernier pense et parle comme le veulent les recruteurs et autres rabatteurs.

« C'est une sœur au lycée qui m'a parlé de religion et c'est elle qui m'a ouvert la voie du minhaj (la vraie voie). »

Nous retrouvons des actes identiques à certaines sectes, comme des « gourous » ou « gardien de la doctrine », si des personnes contactent des référents par les moyens modernes mis à notre disposition via internet, il y a encore souvent un contact humain. Comme dans des mouvements évangélistes, l'engagement dans cette nouvelle communauté, groupe, famille… Le nouvel adepte accède à une élite composée de vrais croyants » destinés à sauver le monde ! Il veut participer à la construction d'une nouvelle communauté universelle mythique et fantasmée le « califat » cette reconnaissance au groupe sera salvateur, et un élément fort de sa quête personnelle « être » et « être reconnu ». Le SALAFISME est la base de l'organisation djihadiste, il appartient à la communauté des sectes apocalyptiques et fondamentalistes. Le fondamentaliste est historiquement lié aux courants réactionnaires protestants opposés à l'exégèse scientifico-historique produite par les intellectuels luthériens et calvinistes. Ces courants s'attachent à une lecture et une interprétation littérale des textes quitte à effacer toute trace de leur évolution :

« Je dis ce que dit le texte et tu dois t'y conformer ».

Revenons sur ce mot trop souvent utilisé la DÉRADICALISATION, cette expression très souvent répandue et voire très appréciée des médias est inexacte ! Je m'explique, car le « radical » est à l'origine de « racine » une appartenance à la racine, profond, absolu, intense et total. En Angleterre, le mot radical est employé dans l'action d'être partisan d'un changement profond, être un extrémiste. En France, nous avons en amont associé ce mot au parti radical qui est plus simplement appelé « parti révolutionnaire ».

En latin :

Radicalis, qui tient à la racine, premier, fondamental (de même origine).

Une cure radicale : qui détruit le mal par la racine.

Le mot dérive avec « radicaliser », donner un caractère radical à quelque chose, à une cause…

De nos jours, nous sommes friands de mots choc, qui à perturber, à troubler, à faire douter et voir de pas comprendre le lien pourvu que la peur soit présente. Dans le mot RADICALISATION nous associons maintenant que la religion musulmane et rien d'autre, RADICALISATION = DAECH = TERRORISME = PEUR ! Et avec l'arrivée de nouveaux mots porteurs de non-sens, mais porteurs pour l'opinion publique, ils sont employés à chaque minute, seconde… À toutes les sauces par tout le monde des médias et de la presse. Je suis contre l'emploi de ce terme et plus d'employer l'embrigadement, l'emprise, le détournement d'idée, de l'esprit… Une forme de viol !

Au centre, nous avions cette conversation avec les jeunes adultes (et encore aujourd'hui j'ai cette conversation avec eux et leurs familles) ils utilisent eux même ce terme sur des conversations tendues pour marquer une différence, mais aussi un mal et haine, il traduit par violence verbale et des gestes en suivent. La plupart d'entre eux n'aiment pas ce terme et souhaitent le bannir, mais c'est compliqué, car il colle à leur peau. DÉRADICALISER c'est donc déraciner, mais nous ne sommes pas là pour les déraciner, mais les aider à comprendre pourquoi ils ont basculé, comment à un moment précis ils ont accepté cette voie, cette cause ! Nous devons les aider à comprendre et en associant leur « racine » et mettre des émotions, de la chaleur, des images, des odeurs, des photos, des souvenirs heureux…

Prenons le temps de comprendre ses termes, la « radicalisation », la « prévention » (désengagement) et « déradicalisation » qui sont largement répandus depuis les attentats du 11 septembre, notamment aux États-Unis. Ces concepts sont liés et connaissent un regain d'intérêt en France depuis les attentats de 2015. La quête d'un concept « idéal », la question de l'identitaire et la recherche de sens – les jeunes aujourd'hui sont en quête de sens, de ses racines. Ils recherchent une stabilité et sécurité qu'aujourd'hui la société n'est plus en mesure de leur donner, de leur fournir !

Quels mots autres pouvons-nous mettre dernière cette notion « de radicalisation » cette orientation et basculement vers une autre voie… Qui semble être utilisée à toutes les sauces. Et encore à ce jour (novembre 2017), nous apprenons via la presse l'existence d'un programme dit de « déradicalisation » au sein d'un SPIP (Service de suivi pour majeur du ministère de la Justice) de la région parisienne. Attention aux expressions employées pour cette mission que nous avons, nous les travailleurs sociaux, nous ne sommes pas là pour « déradicaliser » mais pour aider à comprendre le pourquoi du basculement et les aider à reprendre une vie, un sens, un espoir de construire un projet, une famille… Ce programme est encore et toujours comparé au Centre de Pontourny ! Mais c'est une autre grossière erreur de vouloir faire des comparaisons, il n'y en une seule, nous sommes soucieux de trouver une solution, la clé du basculement pour ces jeunes femmes et hommes en souffrance psychologique, mais pas de comparaison qui stigmatise sans cesse et juge. C'est justement la chose à ne pas faire !

La directrice de ce programme, une juriste pénale, nous explique que des hommes et des femmes âgés de moins de 25 ans pour la majorité ne sont pas volontaires de ce programme, mais dans l'obligation de le suivre, ils ont soit un bracelet électronique, soit en liberté surveillée ou à résidence – Donc aucune ressemblance avec le CPIC 37 – le public a droit un suivi de 6 heures/semaine, d'un aumônier, animateur, référent cultuel, un psychologue… Bref ils ont repris simplement nos bases de construction et accompagnement autour de la personne, cela démontre que nous étions sur la bonne voie et là j'insiste, car la directrice du programme RIVE dira dans une de ses interventions « donnez-nous le temps de pouvoir mettre en place ce programme et d'aller au bout de nos suivis » Hé Oui ! nous n'avons pas eu cette chance de pouvoir aller au bout des 10 mois du programme et après faire un bilan.

Le public concerné :

Le public se situerait entre la tranche des 15/30 pour les deux tiers des jeunes concernés, nous pouvons y trouver à l'intérieur de cette catégorie large, une extension de l'adolescence au détriment pour certains d'une enfance perdue et d'un manque de maturité. Nous avons pu rencontrer des jeunes qui vont exprimer la perte de repérés, le déracinement et la quête de désir perdu, le souhait de s'enraciner ou voir pour d'autres de se ré-enraciner. J'ai pu échanger avec un jeune adulte me parlant de l'accès à la toute-puissance, et autour d'une seule voix et d'une seule voie… Le fait de repartir à « zéro » et cet acte de purification, l'effacement des limites entre la vie et la mort ! Ils peuvent être dans une logique de « tanatopolitique » la mort ne fait pas peur ou du moins ils aiment en parler de suite et librement.

Ils sont souvent en majorité dans une théorie du mal, du mensonge d'un monde immonde et enveloppé de mensonge des adultes… D'où l'importance de l'impact de Daech sur les théories du complot. La théorie complotiste se retrouve à travers la régénération d'un monde musulman pur, la théorie du jugement dernier (identique au totalitarisme) – il ne s'agit pas de changer de monde, mais d'en sortir et là le parallèle avec les sectes et l'emprise sectaire, avec ses objectifs et de plus en plus proche de celle de Daech… Voir similaire ! En vertu d'un désespoir autour d'une cause commune que la seule issue valable semble être pour certain de transformer le monde en enfer.

Vers une démobilisation culturelle…

Des travaux sont effectués sur les soldats de la Première Guerre, ils en sortiront des thèmes comme :

« Sortir l'individu de la violence »
« Aller vers l'action pacifiste »
« Et les déshumaniser »

Le tout sur le concept d'un engagement « radical », le fait de se radicaliser dans l'engagement n'a aucune autre spécificité avec une autre forme d'engagement, la chose la plus importante est d'en sortir ! Il n'y a que très peu d'échappatoire au groupe et d'issues, car ils savent que s'ils sortent, ils risquent 10 à 15 ans de prison en France… Ou ils vont être vulnérables au groupe ennemi et ils ne seront plus en sécurité et n'auront plus aucun soutien.

Un exemple de cette explication au sein du centre, nous avions des adultes tous plus ou moins impliqués et engagés vers l'islamisme pour sa part radical, une fois chez nous et extraits de leur quotidien, de leur quartier, de leur contact, voire de leur famille proche ou groupe, ils se retrouvaient seuls et posaient une multitude de questions sur leur sécurisation, sur le monde extérieur, ils voulaient sortir seuls ! Mais lorsque nous sortions pour une activité, ils restaient collés aux éducateurs et autres salariés. Constat que les salariés n'avaient pas fait de suite, mais ils avaient peur en permanence et étaient inquiet du regard extérieur, qu'on leur fasse du mal ! Sortir du groupe n'est pas facile, il leur faut une structure sécurisante et suffisamment confortable psychologiquement pour pouvoir se poser.

Le centre pouvait être cette structure ou une étape pour la trouver, voir la construire dans la suite de son parcours, une orientation vers la famille aurait pu être un relais ou un soutien, mais nous nous sommes retrouvés confrontés à des situations complexes et toutes différentes.

« Dans la crainte de dévisser certains soirs, je traverse mes silences au milieu de ce lac endormi. Je traverse ces reflets au vent tiédi par cette muse prisonnière, qui se livre à la lumière. Je découvre son ombre posthume, mes mains saignent dans l'ombre de ne pouvoir toucher l'unique fleur éclairant mes clairs de lune. »

La famille

Nous nous sommes confrontés à de situations où la transmission radicale est intergénérationnelle, par des parents qui étaient eux-mêmes militants ou en combat contre l'état, ses enfants ont baigné dedans au sein de fratrie ou le discours et échanges sont toujours axés vers le même but, le même combat. Ces transmissions sont aussi inscrites dans certains quartiers, villages, castre et peuvent passer par des groupes armés.

78 % des djihadistes pakistanais sont encouragés par les familles.

Nous retrouvons aussi des engagements familiaux inachevés qui sont repris par des amis ou par le couple.

Il y a deux formes d'engagement violent :

- Celui qui pose des bombes ;
- Celui qui souhaite mourir en martyr.

Nous pouvons nous apercevoir que le terrorisme religieux est celui qui cause le plus grand nombre de morts, et les actions kamikazes sont de plus en plus fréquentes. L'action « kamikaze » nous renvoie à l'éducation religieuse qui exprime que nous pouvons sacrifier des vies au nom du paradis, ce conditionnement se prépare très tôt voire dans certains cas ou pays dès l'enfance, afin de les inculquer au sacrifice de la vie par le groupe.

Revenons sur l'expérience…

Comme à mon habitude depuis plusieurs années, je me mets dans une quête et j'aime employer ce mot qui me replonge dans l'univers du « grand Jacques », ses chansons et textes rythment mes humeurs et ma vie, mais celle de « la quête » est plus prenante que les autres – La Quête est vraiment la chanson qui me transcende, demandez à chaque jeune d'aujourd'hui il s'identifie à une chanson, à ces mots posés sur les papiers et le sens proche de soi, de ses émotions et de sa vie… Dans chaque période de recherche d'un emploi je réécoute cette chanson qui me booste, me donne l'envie de me battre de faire en moi la motivation de relever la tête et partir chercher un poste au moins identique au précédent voir envisager une évolution hiérarchique, intellectuelle, intéressante et pouvant me projeter dans un avenir à moyen terme. Cet engagement à pris sa naissance lors de mon expérience au Casino des Sports aux Sables d'Olonnes, j'ai pris connaissance de mes capacités à comprendre des choses, à écouter, à prendre le temps et analyser pour en sortir une réponse, en sortir une conclusion qui serait un point de départ pour une autre rencontre, pour une autre histoire… J'ai noté d'un coin de ma tête, j'ai fait des cases ou je stocke depuis plus de trente années des expériences, des phrases, des situations, des images qui sont une partie d'un puzzle diffèrent. J'ai part la suite associée des émotions, des émotions du moment, du moment où tu reçois l'information, ce qu'elle te procure ce qu'elle te rappelle, des émotions spontanées qui te percutent et font ressurgir des d'autres histoires, d'autres personnes, d'autres peurs ! J'ai encore aujourd'hui des sensations qui associées à une situation me donne une réponse immédiate, envahissent mes nuits et des images se mêlent aux phrases, elles se coupent, se collent, se mélangent et me donne une sensation souvent très proche de la réalité des moments qui vont suivre… Des moments, des heures qui vont suivre. Cette structuration me permettra de construire et me projeter voire aspirer à des fonctions de cadre, de responsable, de direction… Mais surtout avec deux axes importants :

La possibilité de monter des projets et laisser mon esprit se mettre en mouvement, accompagner des personnes dans leur et les aider à ce mette en mouvement, être un acteur de cette montée en compétence et aussi diriger !

Je me souviens de deux phrases de mon père avec qui j'avais peu de conversation et notre relation fut des plus tendue, voire je ne me souviens pas d'avoir eu ou passé un bon moment avec lui, d'avoir pu échanger/partager quelque chose… Non rien ! Qui me guideront et encore aujourd'hui sonnent dans ma tête :

« Tu n'arriveras à rien, tu es bon à rien. »
« Dans la vie, si tu veux réussir, il faut gravir tous les échelons et être en haut de l'échelle. »

La première, je n'ai pas compris tout de suite ! Il y avait « bon » et « rien » cette phrase restera une énigme pendant longtemps dans un coin de ma tête, comment il pouvait dire « tu es bon » et puis de suite après ajouté « à rien ». Je suis BON, il ne m'a jamais dit que j'étais Bon ! Pourquoi ? Il n'est plus là pour répondre à cette question, et je n'ai pas demandé et aurais-je pu avoir le droit ? Je ne sais pas ! Je ne pense pas…

Tu n'arriveras à rien, ce rien sera et il sonnera en moi, ce RIEN existe en moi il est une chose, une personne, il est moi ! Rien n'est présent. Dans une course en athlétisme sur le 100 mètres lorsqu'un athlète arrive second à 1 centième de seconde du premier, les journalistes l'acclament, le félicite… » vous n'êtes à rien de la médaille d'or, d'être champion olympique et vous avez battu votre record personnel, c'est magnifique ! Êtes-vous satisfait de votre course, de votre prestation ? » et la plupart du temps le coureur dit OUI !

Je revois encore au dernier JO, Christophe Lemaitre arrivé en troisième position de la finale de 100 mètres et lever les bras au ciel en criant, en exultant ! Les journalistes courent à sa rencontre avec autant de ferveur que ceux qui cherchent à prendre en photo d'Usant Bolt… La même attention !

Il est troisième, pas Premier ! Mais il est content et fier et moi comme d'autres aussi nous étions et sommes fier de sa course et de son projet sportif.

Le second, il arrive second à un RIEN et il est congratulé et il est satisfait ! Au début je ne comprenais pas cette subtilité de la langue et/ou devons-nous le placer, le mettre pour qu'il prenne son sens « positif », s'il devait avoir un sens, une direction au milieu d'une phrase. Je suis bon à ne rien faire ! J'en tire aujourd'hui une satisfaction d'être bon dans un domaine, même celui de ne rien faire, au fil de mon expérience j'ai rencontré et je rencontre encore des gens, des personnes, des enfants, des adultes, des jeunes qui ne font rien et s'ennuie à ne pouvoir mettre du sens et un objectif à cette situation. Ne rien faire et le faire Bien n'est pas si simple,

La première phrase sonne encore dans ma tête comme une violence intérieure, comme un garde-fou, une ligne de conduite, une base ! Chaque fois que je suis confrontée à un problème, à un « os » dans le cadre professionnel, ou autre (dans le sport), pas dans ma vie sentimentale, car sur ce sujet je n'associe pas ses deux phrases et je ne sais pas pourquoi, une fois j'ai commencé à chercher à comprendre pourquoi je ne me comportais pas de la même façon, pourquoi je ne structurais pas ma réflexion et analyse de la situation à l'identique du professionnel pour ma vie sentimentale ? Certainement dû à notre socle, nos fondamentaux, nos sentiments qui sont différents que nos émotions…

Avant de passer à la seconde phrase, je devais accéder à la première et dans le monde professionnel la première étape ou phrase je l'ai décomposée en deux phases : la première la recherche d'emploi et l'envoie d'une offre et la seconde l'entretien individuel et la finalisation financière de l'emploi.

Et sur les vingt dernières années je suis tombé sur une spirale infernale de vouloir plus pour être quelqu'un, vouloir être « plus » pour lui DIRE ! NON ! (Mais qu'a lui, car j'ai presque toujours caché mes fonctions à ma famille – mère/sœur/et autres membres) je ne tire aucune gloire personnelle de ses réussites, aucune ! Je me retrouve même avoir une honte de ce que je suis, représente et gagne… Et cela peut à certains moments perturber mes nuits, me faire douter de continuer, mais il est là ! Puis l'année dernière en septembre 2016, Kerre est parti, il est parti sans que je le sache, sans que l'on me prévienne et j'ai mal vécu cette situation. Pourquoi il est parti, pourquoi je ne suis pas venu plus tôt le voir ? Il est parti sans un mot de ma part, il n'était pas des plus expansif sauf en troisième mi-temps, là ! Oui, là il était hors normes… Un mec ingérable, pas méchant, mais sans limite dans la fête. Il est parti sans que je sache, sans dire son mal-être, sans que je puisse lui dire un mot, un dernier mot… J'avais pu comprendre vers les années 2000… 2002 qu'il n'était déjà pas à sa place, il exprimait sa fonction de chauffeur routier au sein de la société de transport, il m'avait dit ne pas être à sa place, ne pas avoir pu faire autre chose, mais coincé par les crédits de sa nouvelle maison, de la position sociale de sa femme, la société, la représentation que nous pouvons avoir dans le groupe et là le monde nous happe nous devons paraître pour être et s'oublier ! il paraissait pour exister, pour essayer d'exister, et les enfants la représentation du père vis-à-vis des enfants, la place du père dans la famille, et, quand nous n'avons pas les bases, les bons repères… Et pour lui ce fut le cas, nous pouvions nous comprendre sur cet axe aussi.

Il est compliqué de trouver sa place, se construire et fonder un foyer, nous ne sommes pas tous égaux. Il était perturbé par des évolutions de son enfance, de son adolescence, de la représentation du père, de son rôle. Il a essayé de toutes ses forces, avec amour et passion de faire au mieux sans rien dire et prendre sur lui, prendre à l'intérieur de lui, cette souffrance s'est additionnée durant de longues années et lors de certaines troisièmes mi-temps, il pouvait lui arriver de vider ou laisser sortir des mots, des flashs, mais pas suffisant pour aller plus, pas suffisant pour comprendre, pas le moment pour le faire, pas le moment pour l'aider à comprendre, pas le moment… pas le moment et nous sommes passés à côté et je suis passé à côté.

Il aurait pu être le petit frère que j'aurai aimé avoir… Pourquoi ! Il voulait être comme certains des autres joueurs du club ou des anciens, avoir une petite affaire commerciale, avoir son entreprise, gagner plus, sortir dans les bons endroits, fréquenter les bonnes personnes… Mais il fallait juste que tu restes toi ! Simplement toi ! Deux approches différentes de bonheur. Il avait un gros cœur, un mec qui t'écoute et t'amène à vite rire, lorsqu'il te regardait avec ses yeux bleus et son sourire, c'était un mec bien et un beau mec ! Adieu mon ami…

Ma famille est dans la représentation et moi Pas ! Et je n'ai rien dit de mon évolution que je gardai en moi, à l'intérieur, il aurait quand même fallu le faire sortir un moment et se poser avec une personne « autre » vider mon sac et soulager ma conscience - Aujourd'hui, nous ne prenons plus le temps de parler ou du moins nous prenons moins de temps pour le faire, nous avons des vies qui vont de plus en plus vite, il faut être dans le peloton de tête sinon nous ne sommes rien ! Il faut s'identifier à toutes ses images et autres icônes de la mode et des lumières éphémères de la télévision -toutes ses émissions de télé-réalité bousculent notre jeunesse qui n'arrive pas pour tous à trouver son chemin, ils sortent du groupe s'éloignent peu à peu sans rien dire et surtout sans que personne se rende compte de rien, car nous sommes dans la recherche sans cesse du mieux… Pour être dans la représentation !

Faites le constat des jeunes qui aujourd'hui lâchent le système scolaire pour suivre une voie autre qui n'a aucune résonance pour leur famille, mais eux vont trouver le moyen de se démarquer être quelqu'un. Nous allons retrouver certains jeunes et surtout les jeunes filles qui déçues du système actuel, ne pouvant s'exprimer, ne trouvant leur place, sans cesse rejetées par les autres sans être vues par leur famille iront chercher en ailleurs sur les réseaux sociaux notre psy « dématérialisé », cette fuite se traduit dans la quête de reconnaissance, le fait de n'avoir pas sa place dans le groupe, dans la société et surtout dans la famille, cette fratrie qui se doit être le point de repère, la base de notre construction.

Hier dans ma jeunesse, j'avais une fureur en moi, j'avais envie à certain moment de faire la une des journaux ! Oui j'ai eu ces moments de violence en moi avec ce souhait de faire une chose extrême et le montrer à tous pour dire « voilà j'existe et je suis capable de faire cela ! » dans ma tête pleine de choses sont passées, des idées pour démontrer mon existence sans avoir à aucun moment la peur du lendemain et de la résultante.

La fuite, la prison, la mort n'ont jamais été un frein, une crainte, une peur ! Voire même une poussée d'aller plus loin, plus fort, et cette envie de la toucher du doigt, de savoir ce qui se passa après ? Quand je repense à ces moments, ces étapes traversées, je peux arriver à comprendre certaines situations des jeunes que j'ai pu rencontrer et les mots qu'ils posent sur leur quotidien et les motivations sans avoir peur. Il a pu arriver que je me regarde dans une glace à certains moments. En quittant l'EPIDE de Combré, lors du choix de mon départ de ce centre pour aller sur celui d'Alençon et prendre un poste de direction de pôles (la phrase de mon père – monter les échelons les uns après les autres) nous étions au rassemblement du vendredi matin sur cette place (parking transformé en place) en face de cet étang, il faisait frais et humide en cette matinée de février 2013 – à son habitude le D1 Pierre-Yves M. arrive pour la levée des couleurs et le chant de la Marseillaise qui rythme notre fin de semaine et prépare celle à venir, il annonce mon départ et me demande de venir à ses côtés pour dire un mot à l'ensemble des salariés et des jeunes. Je m'avance et je n'aurais pas de long discours à dire, mais simplement « Merci à tous et toutes » mon expérience se traduit par se voir dans ce miroir chaque matin en venant et au travers des expériences de vie de chacun et chacune… À peine je termine mes mots que les jeunes se regroupent autour de M. Pierre (un jeune du centre) et commence à me faire un HAKA terrible de sens et d'émotions… Un HAKA pour moi ! Il est encore difficile aujourd'hui d'expliquer les émotions qui m'ont traversée de part en part, je ne les remercierais jamais autant que le plaisir procuré, et de Combré j'ai gardé avec moi ANNE mon amie, ma fidèle Amie ! Merci à toi ma belle tu es toujours là quand j'ai besoin et l'inverse.

Puis sur Alençon, lors aussi de mon départ, je pris la parole pour dire à tous :

« MERCI et je me suis retrouvé ici face au miroir de ma vie et demain en allant travailler dans ce centre éducatif fermé je vais le traverser. »

La première phrase de mon père sonne dans ma tête comme cette autre phrase non pas de lui « tout ce qui ne me tue pas me rend plus fort ! » Et la phrase de mon père ne me tue pas, elle me fait mal et me motive, elle me donne la force de me relever, de me battre, d'oser…

Dans des phases douloureuses voir des périodes sombres de ma vie, j'ai eu des instants compliqués, des combats à mener qui m'ont laissés partir vers des orientations douteuses des fois, mais qui m'ont donnés aussi la possibilité de vider mon sac, de crier ma haine sans être jugé voir encouragé. Je me suis rapproché de ces zones d'ombres extrêmes d'idées simples ou tu ne penses pas… Ou tu exécutes des actes sans vraiment les comprendre comme un automate, j'ai essayé, j'ai vu… Mais je m'en suis sorti ! Et je peux comprendre le basculement de certains encore aujourd'hui, ces tentations, se sentir, partir et le sentiment de trouver, de retrouver ou simplement être bien ! Sans savoir pourquoi et de toute façon nous ne voulons pas chercher à comprendre, mais simplement à accepter tout !

« J'ai été, je suis et je serais ! »

Il avait raison « tout ce qui ne me tue pas, me rends pus fort. »

La porte s'est ouverte ! Nous sommes comme ses feuilles accrochées à l'arbre de la vie, de la famille – l'arbre qui de ce bourgeon à donner la vie à une feuille « Nous » et un jour nous traversons les saisons et nous tombons sans que personne ne s'en aperçoive et le vent nous entraîne et nous balance au gré de son humeur, nous traversons des espaces, des contrés, des paysages et il nous dépose là au sol « seul », nous restons isolés sans connaître personne, sans saveur. Puis une personne passera et me poussera pour me regrouper avec d'autres identiques à moi sans me parler, sans me regarder, en tas je resterai un moment là et j'accepte mon sort, jusqu'au moment où une autre personne viendra me sortir de là et me déposera pour ouvrir les pages d'un livre, d'un livre ou je puiserai un sens, une nouvelle vie, une famille… Les mots vont s'inscrire sur moi, ils se graveront à jamais en moi !

Dans les années 80 c'était facile (encore aujourd'hui nous en avons la preuve) tu ne penses plus, tu n'as pas de soucis d'être, car nous sommes tous identiques sauf le chef qui dirige, non donne des ordres, mais valorise souvent ! Ils savent aller vers la reconnaissance dans la dureté, un contraste nécessaire, l'essence du moteur.

« Choisir une voie sans savoir pourquoi, juste l'adrénaline… »

La période avec cette femme rencontrée à Grenoble en 1984, nous dans une boîte de nuit dans la campagne grenobloise, une petite boîte de nuit ou le monde de « la rue » grenobloise se rencontre et là ou tous se passe la nuit, nous se négocie, tous se joue ! Nous étions venus à Grenoble la journée pour venir chercher une jeune fille dans un des quartiers compliqués, qui était sous l'emprise d'un mec du coin qui avait des envies et des projets pour elle sur les bords des routes dans une fourgonnette. Donc je suis descendu avec trois autres personnes et bien sûr « chargé comme il se doit » l'affaire sera vite faite, car dans ces situations là tu ne traînes pas trop dans les parages, tout doit très vite, tu dois agir en « bonhomme » et jouer de l'intimidation les yeux dans les yeux..

Une fois l'affaire faite, nous aller fêter cela et nous rentrons dans la nuit à Lyon… Chez Nous ! très peu de temps après nous achèterons ensemble un bar du moins avec son argent -600 000 francs en billets de 500 frs des « pascals » magnifique vision tous posé sur le lit, mais très vite je vais m'apercevoir que ce n'est pas son argent, mais celui d'une autre personne qui va souhaitait récupérer la somme cette somme rapidement et se type n'est pas des plus « sympa » il enverra ses gars et hommes de main pour faire le sale travail, le suite de sera « joli/joli » donc je n'évoquerais pas les fait… Mais je suis là encore aujourd'hui !

Une période ou quelquefois je me souviens, des flashs surgissent de cris, d'alcool, de la drogue, d'armes, de types qui viennent de toute la France me voir et là mon grand-père avec des amis à lui de Lyon et de Marseille… C'est confus et même il peut m'arriver de me dire que cette période n'a pas existé ! Ce n'est pas possible !

Comment en si peu de temps j'ai pu faire autant de choses, Le BAR cela va durer quelques mois, même là maintenant en écrivant ses mots, je n'en reviens pas d'avoir fait tout cela en si peu de temps.

Aujourd'hui encore je me souviens de cette période sombre, comment j'ai pu faire ses choses et être cette personne ? Comment et pourquoi ? J'avais des emplois précaires et je me dirigeais vers l'argent facile, lors d'un passage à pôle emploi je vois une offre d'agent de sécurité pas trop mal payé, j'avais quelques longues années de judo, de la boxe, je n'avais pas peur de me battre cette sensation d'ivresse de monter d'adrénaline me transporte, me porte, me rends, bien me donne, me permets d'être un instant autre chose, il met même arrivé de fermer les yeux pendant une bagarre et de sentir l'instant présent, le sentir, cette odeur du moment où l'on sent la peur, le stress de l'autre la montée de la sueur qui envahie a personne, être à l'intérieur… Donc, je prends l'offre et je me dirige vers le box pour demander l'adresse à une personne (ancien système de pôle emploi/ANPE) une fois l'adresse je me rends de suite à la société pour proposer mes fonctions. À cette époque nous pouvions encore quitter un poste le soir et trouver un autre emploi le lendemain matin, ils me proposent de commencer tout de suite le soir à la Gare de Perrache à Lyon. Il suffit de tourner dans la galerie marchande, les couloirs de bus, les halls, les parkings, les escaliers, les abords de la gare et faire le « nettoyage » des clochards et autres skinheads. Je suis avec un autre agent de deux mètres dix et cent trente kilos, mais une coquille vide, complètement vide ! Une brute sans aucun sens, il suffit d'appuyer sur le bouton « ON » et il part au quart de tour sans aucun sens.

Il me montre le travail demander, je n'évoquerais pas ce type, j'en ai déjà parlé plus dans l'ouvrage, mais plus pour ma part comment j'ai intégré cette société comment on peut « basculer » se laisser emporter par des émotions, des sensations et ne plus rien retenir… Comment accepter sans vraiment savoir juste un mot !

Ce type me voyant faire au travail lors des interventions « musclées » il va me proposer de venir avec lui au « château » pour rencontrer les patrons, ceux qui dirigent cette boite de sécurité et aussi ce mouvement politique extrémiste – ils recherchent des hommes de mains. Je me suis laissé aller sans rien dire, je me laissais guider, mener sans rien dire.

Mais non ! Pourquoi cette nuit-là j'ai pris dette décision ? Je ne me souviens pas ! Dommage… Je sais seulement que je me sentais partir et ne pas pouvoir revenir ! Mon cerveau a dû faire le reste, le bilan dans la nuit.

Là tu te demandes comment ? Mais c'est simple ! Super simple ! Tu n'as personne autour de toi ou si ! Tu as du monde, des parents, des copains… Mais il ne t'écoute pas, ils ne te comprennent pas, ils te regardent sans voir que tu es mal, que tu as mal. Tu es là sans oser parler pour ne pas passer pour le chiant, le Con de service, l'emmerdeur ! Donc tu te tais et tu restes avec toi, seul, et tu te construis seul avec toi, jusqu'à ce moment où « il » arrive ! Et il t'écoute… Tu parles et il ne dit rien juste tu as raison, je suis d'accord, oui je te comprends les autres ne te comprennent pas et moi aussi ! Et là tu te dis il est comme moi et pourquoi je ne l'ai pas connu avant, il était où ?

Quand j'ai rencontré ce mec dans mon travail, j'étais dans une période de doute, incertaine où je n'avais pas de solution et je ne savais pas où aller, je cherchai une voie. Mon entourage n'apportait plus ce dont j'avais besoin, ou envie… Il est arrivé au même moment et il m'a proposé une autre voie, une chose différente et j'aurais pu aller beaucoup plus loin. Aujourd'hui sur cette période et situation, je me pose la question à quel moment j'ai pris l'initiative d'arrêter ? Pourtant j'étais bien et je voulais toujours plus, plus de sensations, plus d'argent, me découvrir et aller plus loin dans cette découverte. J'ai pensé qu'un jour je pouvais donner un mauvais coup, le coup fatal qui ôte la vie ou aussi la mienne ! Aujourd'hui cela me choque de penser que j'ai pu être cette personne, mais en 84/85 j'avais cette folie poussée par l'adrénaline et aspirer par une force, cet effet étrange d'être tenu et emmené, et cette rage du système, cette montée de haine en moi, comment j'ai pu être possible ?

Quand je repense à ces moments et je transpose à aujourd'hui, sur juste au fait d'épouser une cause, de basculer pour une idée, une religion. Je me pose la question : comment on peut basculer ? Comment et peut-on en sortir ? Sommes-nous conscients pendant cette période ? J'ai pris mon crayon et j'ai tenté de poser des mots des mots, de répondre à mes questions, mes interrogations en partant de ma vie et des actes posés.

Quand il m'a demandé de venir la première fois, j'ai accepté tout de suite sans me poser aucune question, de toute façon je n'avais rien à faire, rien à perdre, il a comblé un vide, un espace à prendre, un espace disponible à conquérir. Je ne pense pas que lui avait conscience de cela, il travaillait pour d'autres qui eux avaient le discours qui va bien ! Le vrai discours : direct, sonnant, trébuchant, et dur à la fois ! Ce que je cherchais sans doute puisque je n'ai rien dit à part OUI ! Et le gain, ils ont parlé d'argent de soirées ensemble, de groupe, de soutien – je ne savais pas s'il disait vrai, mais cela sonnait bien, je ne pouvais pas refuser et j'étais bien d'être dans le groupe, de faire des choses « interdite » ils avaient des personnes haut placées qui nous couvraient en cas de problème.

Tout passe par les mots, tout passe par les actes, tout passe par le regard…

Tu rentres chez toi, après de tels discours, gonflé à bloc, tu ne dis rien à personne, car de toute façon il ne faut rien dire, et là aussi le secret, être dans le secret collectif c'était cool. Le lendemain je me souviens être allé acheter un poing américain, on l'utilise avec du stock. Tu mets ton poing américain et tu le stoctch autour de ta main pour ne pas le perdre, tu coupes des tuyaux en PVC en deux et tu les mets stocker autour de tes avant-bras et tibias… Et tu es prêt ! Merde comment j'ai pu faire cela ? Comment peut-on partir si loin sans se rendre compte de rien ? Heureusement que j'ai eu ce déclic, et le sport autour de moi ! Oui le sport et surtout le rugby et ces valeurs.

À ce stade de l'ouvrage certains me jugeront, mais ce n'est pas grave je peux les comprendre malgré tout !

Je suis parti à Belleville sur Saône jouer au rugby et travailler comme animateur socio-éducatif au sein d'un foyer de jeunes travailleurs, le poste d'animateur avait pour moi une portée plus importante que magasinier/cariste/manutentionnaire/manœuvre. Animateur est à l'époque un métier qui sonne mieux, qui sonne juste ! Je gravissais un échelon dans la société, animateur socioculturel, il y a culturel et culturel c'est mieux que magasinier, il y a aussi un diplôme d'animateur et pas de magasinier (à l'époque). La question à cette époque ne se pose pas sur le fait de prendre du plaisir au travail et pouvoir le transposer à sa vie personnelle et aussi associative.

Belleville sera une bonne expérience avec le recul avec beaucoup de recul, car en détail se fut une zone de brouillard terrible et une continuité de cette quête de savoir qui je suis, ce que je suis capable de faire et de devenir.

Je vais continuer cette quête à Mâcon, avec un poste dans une entreprise de façonnage où je mettrais du cœur à l'ouvrage (je vais y travailler même après les entraînements de rugby jusqu'à tard dans la nuit voir finir le matin et reprendre dans la journée) pour avoir le regard nécessaire du patron qui me donnera un peu de volume et me valorisera dans son entreprise. Mais je vais faire des conneries importantes et je vais devoir quitter la région, je suis sans cesse envahie par un besoin d'adrénaline, cette puissance intérieure de faire des choses qui me pose, qui m'apaise… Et me nuit ! J'ai besoin de ça pour avancer, j'arrive juste à espacer ces moments. Je vais partir sur un coup de tête ! Un soir chez mon ami Sylvio, le fais marquer sur une pièce de cinq francs avec un marqueur la lettre » M » pour Mâcon et rester ici, puis sur l'autre face la lettre « S » pour les sables d'Olonnes ou une autre vie, expérience comme d'agent de sécurité au sien d'un casino de jeux qui se libère et la possibilité de jouer au rugby même si c'est dans une division inférieure à celle d'aujourd'hui, je quitte Mâcon ou on évolue en seconde division après un passage en Groupe B, la deuxième division de 1989 n'est pas celle d'aujourd'hui. Je lance cette pièce en l'air au-dessus du comptoir et je tourne la tête, au moment où j'entends que la pièce à toucher le comptoir je demande à Sylvio « la lettre » il ne dit rien, je me retourne et la pièce laisse apparaître la lettre « S » OK ! Je fais tout de suite mon sac et je pars ! Aujourd'hui je me dis « est-ce qu'il a bougé la pièce ? » est-ce qu'il a retourné la pièce ? » Il était capable et s'il la fait c'est pour mon bien ! Il est vrai que sur Macon outre jouer en National 2 voir projet de Nationale 1 le reste pas grand-chose… Je n'aurais eu le temps et encore moins aujourd'hui de lui dire merci à Silvio… Il a disparu !

Je suis parti une heure après ma décision faite ! Je suis rentré chez moi faire le minimum de bagages et je laisse le reste et je prends un aller simple pour les sables d'Olonnes, partir sans rien dire sans dire au revoir, il était 21 h 30, j'ai presque toutes mes affaires et je suis parti rejoindre le club des Sables d'Olonnes.

Je montais dans la société, j'allais travailler dans un casino de jeux qui avait pignon sur rue ! Une référence à l'époque sur la région. Je vais essayer de gravir les échelons au sien de cette structure, mais malheureusement mon passé resurgit et me rappelle à l'ordre ! je vais faire des allers-retours en train pour aller faire des choses dans le « 69 » je ne voulais rien faire aux sables par respect pour deux personnes : Éric et Xavier, ils m'ont aidé sans rien me demander ! Respect pour tous les deux. Et il est important pour moi d'être respectueux de la personne qui me donne du travail, c'est une chose que les « grands » nous apprenaient dans le quartier… Le respect !

Je devais partir rapidement, aller ailleurs et évoluer. Je pose mes affaires 8 mois à Cholet, il fallait que je fasse un tri et que je coupe progressivement avec le passé. Je quitte Cholet en juillet 93, Cholet fut un SAS de transition entre deux chemins de vie, pour Angers une nouvelle vie et un emploi dans le social comme chargé d'insertion professionnelle par l'économie… Pas assez de place sur une carte de visite donc une évolution pour moi et je vais rencontrer la mère de nos enfants rapidement ce qui me forcera à me concentrer sur moi et trouver une autre forme de recherche d'adrénaline. J'ai quitté mon poste sur un accident de vie, un accident de rugby, celui qui m'a tout donné m'a tout reprit ou il m'a forcé à me réapprendre à ma demander de revoir ma vie… Un accident de rugby qui m'a permis de me plonger au fond de moi, je suis passé par l'envie de mourir, le suicide et après l'envie de tuer ! Par haine de l'autre, je ne pourrais plus jouer au rugby ! Impensable !

L'arrivée d'un enfant, la perte d'un travail, l'accident, le doute s'installe que faire ?

« Tu es un incapable, tu n'arriveras à rien ! »

Il avait peut-être raison !

Terrible situation, je ne sais pas quoi faire ! Tout se mélange dans ma tête, des flashs la nuit de mon passé, des photos, des images, des cris dans ma tête… Merde pas de point de repère, aucune base, à qui se fier, à qui poser des questions, à qui demander de l'aide et de toute façon je ne sais pas faire ! Tout défile vite, trop vite… Je pleure ! Je crie à l'intérieur pour un rien laisser apparaître, je n'ai pas le droit de le montrer.

Je pars pour une formation de niveau III (voir II) il fallait un Bac ou niveau IV pour passer les tests d'entrée, une journée d'écrit et l'autre l'oral. Un DEFA, un virage à 180° me ramène en 86 ou le directeur Christian S. avait passé un DEFA… Je fonce, là, une évolution fulgurante pour moi qui ai bloqué en 6e ! Être dans une formation demandant un niveau Bac ! Le Bac dans le quartier c'était l'exception la première marche, les grands se cotisaient pour financer des études à celui qui avait les capacités pour accéder aux études de droit et les défendre par la suite. Le niveau Bac ! Houa ! Lors de mes trajets en voiture pour me rendre à la formation, je n'y croyais pas ! Je n'avais rien dit comme d'habitude à la famille, de plus que pendant des années nous ne nous sommes pas vus.

Je n'en revenais pas en voiture et lorsque j'arrivais en cours, je ne comprenais rien, rien du tout ! Surtout qu'au début j'écrivais en majuscules, et écrire en Majuscule ce n'est pas simple de remplir des pages, des pages cours… J'avais mal aux mains ! J'étais perdu, je n'osais pas intervenir, lors d'une intervention du directeur de la formation, un homme sincère, il nous donne des livres à acheter pour nous aider, il y avait un bouquin « le ça, moi et le sur moi » j'ai acheté le bouquin et je me suis posé pour le lire… Houa ! J'ai lu la préface, puis j'ai recommencé une seconde fois, je me pose et je décide de recommence rune troisième fois pour confirmer une chose ! Et j'ai compris que je n'avais rien compris après trois lectures de la préface, rien compris j'avais eu besoin du dictionnaire pour au moins une vingtaine de mots voir plus que je ne connaissais pas ! Je me souviens encore aujourd'hui d'un mot que je ne trouvais même pas dans le dictionnaire « COGNITIF » je voyais le mot toutes les nuits, les autres aussi… c'était infernal ! Je n'osais pas demandais à personne trop honte de moi, en formation tous avaient lu tous les livres et échangeaient sur des analyses et moi je n'étais même pas capable de lire la préface d'un livre ! Lors des cours, j'avais l'impression d'être ailleurs dans ma tête, ils étaient là et moi ailleurs sur une autre ligne. Plus tard lors du visionnage de film de science-fiction, j'ai vu des images de personnes qui sont sur des systèmes parallèles ou ils voient les membres de leurs familles, les entendent, mais ils ne peuvent communiquer, et bien je me souviens avoir vécu des situations identiques.

Le lâcher-prise… Être en décalage, incompris ! La société stigmatise l'autre ! Le marque au fer « rouge » comme inculte ! Ignorent ! À ce moment-là n'importe quelle personne qui passe et s'intéresse à toi et bien tu fonces ! Bon pas moi !

Comment faire ? Qu'est-ce que je fais là ? Pour aller où ?

Et un jour, un grand échassier, tailladé par les années, emmanché de longs membres tordus, des bras sans fin surmontés de longs doigts fins abîmes, jaunis par le tabac, un corps long… long, fin et courbé par la douleur, mais sincère ! Chaleureux. Au bout des doigts, des ongles longs à leur tour bien entretenus, courbés vers le bas s'accrochent à la vie ! Le psy qui intervenait dans la formation, un monument, un Bonhomme ! Un vrai et en plus passionné de rugby, il savait parler aux autres, aux gens et les mettre en valeur faire ressortir l'essence, l'essentiel, le jus que nous avons en nous ! Et un jour il est parti avant moi… Le cancer l'a rattrapé !

À partir de là j'ai accéléré mon auto analyse, essayé de comprendre, posé des mots sur des feuilles blanches, je me suis ouvert à l'autre moi, j'ai compris des choses !

J'étais depuis longtemps sur une démarche de soutien, d'aide et d'accompagnement de l'autre sans rien ne demander en retour, rien ! J'ai commencé à comprendre l'isolement, le fait d'être en marge, seul face aux autres et ne pouvoir expliquer pourquoi – cet isolement ce moment de solitude est facile et peu compréhensible pour les autres. J'ai vu et connu beaucoup de personnes sur le chemin laissées sur le côté de la route, perdues… Et des mecs qui viennent faire leurs courses ! Comme moi pour aller faire des choses sans poser de questions, accepter, car on nous donne une place, on nous parle, on nous valorise (un peu), on va chercher une chaleur… Une image !

J'ai compris le rejet de l'autre si tu n'es pas dans le moule, et bien tu restes là, on t'oublie vite, on ne se soucie pas de toi, plus de toi ! Ou trop tard… Je me souviens de ses phrases assassinent – la personne qui vient te dire quelque chose et tu l'as coupé, tu n'as pas le temps d'écouter, tu n'as pas envie, tu n'es pas disposé… Et l'autre reste là le poids de ce rejet, de cette solitude liée à une non-reconnaissance, ne non-existence… Tu n'es rien !

J'ai entendu ses mots, c'est maux ! Tout raisonne en moi comme aujourd'hui une force, une richesse ! Je sais que l'on ne sait jamais…

Je prends dans la suite de cette douloureuse formation un poste d'animateur au sein d'un village, puis de coordinateur d'activité culturelle, puis directeur d'un comité local d'activé sur 5, 8 et 11 communes avec un statut de cadre ! De cadre ! Oui, cadre… Ce mot sonne comme quand nous faisions du lèche-vitrines devant ses belles maisons du 6e arrondissement avec des CHEMINÉES… Des cheminées ! Ont disaient quand nous aurons une cheminée, nous aurons réussi ! Et en 1997 j'ai possédé une maison avec une cheminée, je suis resté des heures, des nuits à regarder le feu crépité en remettant sans cesse du bois de peur qu'il s'éteigne ce feu en moi qui me fait mal, il fallait mettre du bois, le feu ne devait pas s'éteindre ! Non ! Ne pas s'éteindre…

Les différents modes extrémistes liés à une cause violente

Le gouvernement s'est centré sur la radicalisation et sur la guerre contre les extrémistes sans dans un premier temps essayer de comprendre ces jeunes, et le pourquoi de cette adhésion à cette cause. Je pense que le premier combat était à faire dans nos quartiers, nos familles, nos associations, nos villes, notre pays ! Nos enfants de la partie de la France se sont raccrochés à des fondamentaux, des combats de longue date. Le conflit israélo-palestinien est un des premiers éléments incompréhensibles pour les jeunes, ils ne comprennent que les informations des médias, les cris de photos et des reportages sur nos télévisions qui s'acharnent à montrer des choses certes horribles, mais aussi compliquées de comprendre et faire son analyse pour tous. La défense d'une cause quel qu'elle soit existé depuis tout le temps, nous vivons avec depuis que nous sommes au monde et les médias alimentent nos thèses, nos interrogations, nos craintes, nos peurs… Et maintenant « tiktok » qui nous détruit dans cette course effrénée.

Le début de l'expression ou de l'utilisation du terme « radicalisation » remonte aux attentats de 2001, avant cette date nous étions sur le terme de « terrorisme » ou plutôt les « groupes terroristes », cette notion ne suffisant pas aux Américains, ils ont voulu trouver une autre appellation et on voulut savoir et comprendre le processus et surtout le trajet pour devenir terroriste.

Pour les sciences sociales en général, on met en avant les différents groupes existants qui ont traversé notre histoire autour d'une cause commune qu'elle soit politique, religieuse ou autre…

- Le mouvement basque ;
- L'ETA ;
- Les séparatistes corses ;
- La bande à Baader ;
- Les brigades rouges.

Les emprises sectaires

Les Américains dans cette quête de processus et de poser des mots sur ce processus partiront dans la recherche d'algorithmes et ensuite ils nommeront cette base « des critères » les critères du processus de la radicalisation. Ils pourront poser un acte important et dire que la radicalisation n'est pas un ÉTAT, mais un PROCESSUS !

Or les processus, nous trouvons aussi des étapes du comportement et des quêtes de sens. Nous pouvons dire que la radicalisation peut être un moyen de reconnaissance, une recherche du Père, la possibilité de dire aussi « je suis important », d'autres rechercheront « une identité forte » et aussi « je suis cela » Dans ces différentes recherches de sens pour épouser cette cause et mettre du sens, voir une excuse… Une chose est importante, nous pouvons voir des personnes qui vont utiliser cette radicalité comme un moyen de pouvoir utiliser et exprimer une révolte, une révolte contre la société, contre, la famille, contre le monde, contre une injustice subit dans son enfance ou au travers un être cher, voir contre soi.

Dans la recherche d'être autre chose, une autre personne que l'on pourrait reconnaître pour ces actions, une personne qui serait reconnue certains vont rechercher comme précédemment expliquer la quête d'un père, ce père dés fois perdu, ce père brisé, ce père malmené par les autres, par la société ! Il voudra réparer ce manque, cette erreur et se venger. Dans les situations que nous avons pu recevoir au sein du CPIC 37, la majeure partie d'entre eux avaient connu des échecs ou des situations compliquées dans l'enfance, et sa propre construction vis-à-vis du père. Nous avions des parents divorcés, des séparations dans la douleur et très jeune, des pères décédés, des pères absents et des maladies cachées… Qui seront ressentis comme des trahisons et un besoin de revanche, un besoin de trouver un coupable et de se raccrocher à une cause, une cause qui sera écoutée sans forcément comprendre et ne cherchera pas à savoir pourquoi, mais proposera une solution de s'exprimer et une sortie !

« Être le fils de quelqu'un » nous retrouvons cette désaffiliation souvent et douloureuse, qui se traduira chez certaines personnes comme une plaie ouverte et douloureuse, ils n'ont pas de repères stables pour se poser, et se construire. Il y a aussi les personnes qui par ce manque de repères et d'existences ne se considèrent pas comme Françaises, mais apatrides, ils sont en marge et ne considèrent aucune règle que celles de « dieu » leur seul repère.

Leur enveloppe :

Ils vont se construire une nouvelle enveloppe, voir une seconde sur celle qu'ils ne connaissent pas, qu'ils n'ont jamais pu découvrir, et comprendre. Ils ont besoin de se sentir « enveloppés » en permanence, ce besoin de cadre et même plus, ce besoin de savoir qu'a une longueur de bras il y a quelqu'un qui est là, une personne qui sera là pour eux et qui les reprendra. J'ai un exemple parlant, lors d'une sortie de trois jours et la visite d'un camp de déportés dans le sud de la France, nous étions tous logés dans un hôtel de bonne qualité et donnant la possibilité de faire et découvrir des services que tout le monde n'a pas et même ne pourront avoir. Nous sortions le soir (du moins un soir) et nous avons emmené les personnes du CPIC en ville faire un tour et profiter du marché de Noël, qui pour nous sera un sujet que nous reprendrons avec eux en rentrant : faire visiter le marché de Noël a des jeunes en voie de radicalisation (oui encore à l'époque nous n'avions pas changé la porte d'entrée du CPIC et nous étions toujours sur « en voie de radicalisation » et maintenant depuis le 14 février 2017 « en voie de processus de radicalisation, mais je reviendrai plus loin sur le changement). Bref, nous sortons avec eux et donc visitons le centre-ville et ce fameux marché de Noël, ils vont apprécier et là je fais un focus sur cette activité : nous avons passé plus de trois heures à marcher avec 8 bénéficiaires sans aucun problème, je dis bien sans aucun souci ! Ils ont marché dans la ville à deux mètres voire moins et sans cesse à se retourner pour apprécier la distance entre eux et les éducateurs, à être attentif de ne pas être abandonnés ! Oui, j'emploie ce terme d'abandon, ils étaient là collés » à la recherche de chaleur, de sentiments, de contact.

Les premiers inquiets furent les éducateurs, qui étaient partis sur cette sortie avec des craintes de ne pouvoir les gérer et voire certains partir et ne pas revenir, ou même pourquoi pas que certains auraient pu avoir donné rendez-vous à des personnes et les perdre et voir autres choses, faire une connerie ! Les éducateurs seront tendus en amont sur la préparation de cette sortie, sur la conduite, et le retour. Au réveil lendemain matin, nous avons déjeuné ensemble : les bénéficiaires avaient les yeux qui brillaient « comme des gamins » je me revoyais travaillant sur un camp de pré-ado avec des plus jeunes et dans leurs yeux se moment privilégié de bonheur, de sérénité, de calme… Un moment je les regardais les uns après les autres, et je me suis posé la question pourquoi ils sont là ? Et je compris du moins je pouvais comprendre que déjà la chaleur humaine, le fait de prendre le petit déjeuné ensemble, de partager un moment simple de la vie d'une vraie « famille » se produisait pour eux ! Comment ces jeunes hommes et femmes pouvaient un jour, ou à un moment être l'acteur premier d'un fait à la une d'un journal ? D'autres questions me traverseront l'esprit sans réponse pour la plupart d'entre elles. Ils sont là devant moi, devant nous droit sur leur chaise et déjeunent tranquillement en échangeant sur leur soirée, ils se lèvent et vous proposent de prendre quelque chose pour vous au buffet ! Ils débarrassent la table, rangent, nettoient et dans le calme… Comment sont-ils capables de faire du mal ? De provoquer un acte meurtrier ? À ce moment-là ce sont de grands enfants !

« On ne naît pas mauvais, on le devient ! »

Je vais revenir à cette forme de mutation, ou cette radicalisation/basculement qui pourrait se traduire par une rupture vis-à-vis de son appartenance, nous nous posons la question : comment un individu se radicalise ? Et est-ce que cet engagement radical est-il un engagement qui sort de l'ordinaire ?

Dans les années 70, le psychologue Bollinger a écrit sur « le mouvement du 2 juin » et exprime l'engagement radical comme un engagement par l'agressivité – nous retrouvons souvent cette forme d'engagement dans les fractions armées identique à l'IRA, qui enroulera ses petits soldats ou hommes de main de force ou sous la pression psychobiologique ou physique. Plus tard, nous retrouverons des textes de recherche qui introduiront des entrées par le conflit familial (j'en parle au-dessus sur les situations que nous avons eues au CPIC ou la plupart avait des eux des problèmes au sein de la famille) et aussi cette entrée de cet engagement qui se niche au plus profond de soi dans la petite enfance, qui peut être dû à une blessure psychologique, une peur, une souffrance voire une injustice.

Nous retrouvons l'exemple possible de l'anarchiste idéologique qui prend ses racines au sein de son enfance pour donner suite à un bouleversement psychologique et prendra pour un grand nombre les armes en révolte du « père » et pourra être en conflit avec l'état. Pour le nationaliste « perfectionniste » il s'attachera à une figure parentale proche de l'état central (son groupe d'appartenance, un leader) la radicalisation aura une porte d'entrée dans la socialisation primaire, dans l'éducation qui jouera un rôle important dans un éventuel processus et surtout dans la construction de la personne. Notre problème depuis quelles années et encore aujourd'hui est que toutes les études effectuées sont pour la plupart contradictoires, car nous n'avons pas de groupe de contrôle ! Le fait de n'avoir aucun organe de contrôle provoque des discours contraires qui perturbent les avancées et le travail des professionnels de terrain.

Marta Crenshow dans « les approches stratégiques » parle du terrorisme comme un choix stratégique, un choix sur les bases du coût/avantages qui est fondé sur le critère de l'efficacité. Nous n'en parlons pas de radicalisation, mais de terrorisme, ils vont se réfugier vers la violence et ce choix extrême est abordé comme un refuge facilement accessible, l'acte de refuge est programmé par des phases ou la personne essaie des choses sans être regardée et écoutée, sans être reconnue et appréciée à juste titre… Le terrorisme comme stratégie indirecte, le but suscite la peur ! Cette action divisera les personnes, sèmera le doute et ceux qui l'épouseront se regrouperont en armée pour mener des actions sauvages individuelles.

Les sociologues porteront peu d'importance à cet aspect du terrorisme, nous retrouverons un regain d'intérêt vers les années 2000, puis surtout après 2001 ils reprendront les études en rajoutant des critères et paramètres et parleront de radicalisation en la définissant comme un changement des croyances, des sentiments et des comportements dans des directions qui justifieront de façon croissante la violence entre les groupes et exigent le sacrifice pour défendre la cause et le groupe « in-groupe » (son propre groupe).

Dans la radicalisation se situe l'engagement radical qui est un processus qui s'inscrit dans la durée et mettant en jeu trois temps :

- Le temps social ;
- Le temps de l'organisation (l'axe politique) ;
- Le temps biographique (l'individu) ;
- « L'idéologie politique joue un rôle important ».

Il évoluera par palier séquencer « petit à petit », il aura des choix successifs, mais limités, et, par effet de seuils attendus, il continuera avec un retour qui sera de plus en plus difficile. Son processus sera équivalent à celui de l'anorexie ou d'une addiction… J'ai par expérience vécu un engagement vers l'anorexie en douceur sans faire de bruit et avec un retour presque impossible qui dure depuis 12 longues années en traînant derrière lui une multitude de rencontres avec des psychologues, médecins, experts, psychiatre et autres nutritionnistes. Ces formes d'engagement sont d'une puissance inouïe, vous êtes désarmé face au problème et… C'est douloureux à aborder, à parler, car la personne ne vous fait pas confiance et va croire que vous voulez la désendoctriner et l'emmener dans une autre voie, la vôtre ou il a peur ! L'expérience vécue est sur l'anorexie et le phénomène « ANA ».

Mannequin anorexique qui se serait donné la mort, les adeptes se nomment des « pro-Ana », ils vont se faire vomir et lire des passages de ce mannequin qui explique sa vie et ses souffrances, ils vont se réfugier à l'intérieur de cette vie, sans rien comprendre, seulement qu'ils vont trouver un sens, un repère, une image ! ANA ! Cette fille qui souffre comme eux et qui se suicidera à petit feu.

PRO -ANA-DICT ou « journal d'une pro-ana »
Un message sur le site « longue absence, retour de battante ! »

Hello mes amours,

Pour donner suite à une très longue absence avec de nombreuses crises et difficultés, je reviens plus présente que jamais. Je suis donc à nouveau active et prête à vous aider et répondre à vos messages. N'oubliez pas ANA est notre amie, elle nous aide, elle nous entretient, elle nous rend heureux, ne la décevez pas sinon elle s'en prendra à vous !

Durant mon absence j'ai pris du poids 4 kg exactement, je pèse 70 kg pour 1m75, vous n'imaginez même pas à quel point je me dégoutte, je n'arrive plus à me regarder dans le miroir, il m'arrive de me taper dessus, me faire du mal.

Je ne veux pas que ce soit moi cette fille dans le miroir, elle est trop grosse, trop moche… Et pourtant c'est moi !

C'est une forme de radicalisation extrême de basculement, d'embrigadement autre qu'une religion, et encore ! J'ai vu cette personne s'enfoncer à petit feu, mais trop tard ! Trop tard ! Au moment où je me suis aperçu de cet état et cette souffrance je me suis retrouvé désarmé, complètement désarmé avec pour première réponse la colère, la colère contre elle en comprenant pas cette démarche. Puis, j'ai tenté de comprendre et je me suis investi d'une mission de l'aider et là je retrouve la mère d'une jeune qui est passée par le CPIC et le père été dans la même quête de sens que moi 7 années auparavant. Cette emprise est d'une force incroyable qui renferme la personne dans une croyance telle que vous n'avez aucune place, aucune légitimité ! Vous ne pouvez pas la comprendre, car vous n'êtes pas pareil… Nous retrouvons des codes identiques sur une autre forme de radicalisation, l'appartenance au groupe est importante, et aussi voire surtout être quelqu'un ! La société actuelle va vous codifier, vous numéroter, mais à aucun cas elle reconnaîtra vos sentiments et vous n'aurez pas la possibilité de vous comprendre et encore moins d'être écouté. Ce processus est empirique et entraîne vers le fond. Pour mon expérience je n'ai rien vu et lorsque je me suis aperçu du problème, il était tellement bien ancré que je n'arrivais pas à entrer et rentrer en communication. Cette emprise est identique à celle vécue aujourd'hui avec la porte d'entrée de la radicalisation islamique et surtout extrémiste, les personnes impliquées sont renfermées sur elle-même, elles s'isolent dans le cas de « pro-Ana » ils passent aussi par de la lecture de textes ! Identique à celle de textes extrémistes détournés, car cette lecture est tirée de rien et même toujours à la fin à mourir. Comme précédemment exposé, il est important là aussi de revenir sur les origines qui ont du sens, et amène à des réponses, des réponses qui ne permettront pas de résoudre l'intégralité cette emprise, mais la compréhension donnera des clefs qui guideront et ouvrira des portes pour niveler les échanges et se retrouver lors de discours et entretiens sur une longueur d'onde presque identique.

La quête d'aller voir en arrière est fluctuante et donne des orientations pour comprendre dans certaines situations le parcours de la personne dans cette quête de sens et de représentation de lui au travers un groupe. Dans cette expérience vécue de prés… L'analyse de l'antériorité de la personne a pu démontrer des discours forts de l'axe paternel sur le problème de la prise de poids, de la représentation de soi, du rapport avec les aliments, la relation avec la mère nourricière… Nous avons pu nous rendre compte que les passages à l'acte dans un premier temps de mourir seul étaient liés avec un isolement et une fracture au sein de la fratrie sur une incompréhension de discours des parents vis-à-vis de l'enfant.

Dans notre exemple, la première étape et réaction des parents vis-à-vis de leur fille fut d'être malheureusement directifs et voire agressifs, ils n'avaient pas connu de situation identique dans leur existence, ils n'avaient pas d'armes pour comprendre l'incompréhensif ! Croyant dans une première étape une petite crise de l'adolescence et rien d'autre… Ils se relayaient pour suivre leur fille aux toilettes et surveiller qu'elle ne vomissait pas – là nous sommes dans cette première étape toute naturelle pour une personne qui n'a pas d'expérience de ces situations, nous retrouverons les actes identiques sur le sujet de l'emprise liée à la radicalisation islamique extrémiste, les parents sont aussi dans une réponse « dur » et « répressive » avant de prendre le temps de la compréhension. J'ai rencontré des parents en pleurs, perdus, avec le même désir que leur enfant… Mourir ! Mourir ne trouvant aucune solution pour en sortir : et la seule réponse positive et immédiate pour en finir est de mourir.

Cette première étape « agressive » où la fracture entre l'enfant et la famille va se construire, la rupture de lien de communication, de lien de compréhension, de lien affectif et l'isolement va se mettre en place, et, les personnes de l'autre coté qui tirent les ficelles de ces situations vont consolider leur acte en justifiant les passages comme réalité « tu vois je t'avais prévenu, que tes parents ne comprendraient pas… Personne ne nous comprend ».

Nous retrouvons aussi des aspects identiques sur :

- L'isolement ;
- Le changement de tenue vestimentaire, des tenues larges ;
- Caché son corps ;
- Sélectionner les aliments ;
- Bannir certains aliments ;
- Lire des textes tous les jours ;
- Se réfugier seul et méditer ;
- Ne parler à personne ;
- Ne pas faire confiance ;
- …

Dans la radicalisation islamiste, une personne a pu exprimer « c'est arrivé tellement rapidement et je ne me souviens de rien, ni du moment précis, ni l'instant, ni du fait que j'ai pris cette décision et au moment où j'ai eu un éclair je me suis rendu compte qu'il était trop tard, je ne pouvais pas revenir en arrière, La pression, l'engagement était trop fort, trop important, j'étais pris au piège ! »

« L'engagement reste de l'héroïsme. »

L'engagement comme une forme d'héroïsme, une phase du processus qui donne de l'importance et valorise la personne et aller jusqu'à mourir pour une cause « juste » une cause « commune » une cause « avec du sens ».

L'engagement comme un outil du processus : un outil de levier qui peut aider à comprendre la suite du parcours.

Un autre outil du processus et de la compréhension de cet engagement : l'arbre généalogique des personnes, il est important de comprendre la trajectoire de la fratrie. Au CPIC, nous nous en sommes rendu compte et même nos yeux se sont ouverts quand nous avons pu connaître un peu plus les personnes qui constituent la famille et leurs trajectoires.

Cette forme de radicalisation ne doit pas être confondue avec le fondamentalisme religieux (islam rigoureux), les fondamentalistes sont des pratiquants qui adoptent des postures cultuelles rigoureuses, mais ne recouvrent pas à la violence alors que les radicaux légitiment ou pratiquent les actes de violence. La légitimation de soi à partir de l'islam se développe plus chez les jeunes de la deuxième génération de l'immigration maghrébine dans une société en voie de transformation. La revendication au nom de l'islam apparaît parmi certaines catégories de jeunes comme forme d'affirmation de soi. L'ethnicité à la française n'est pas le maintien, sur le territoire urbain, de groupes auto-organisés et homogènes culturellement, mais l'invention par certains individus d'une sous-culture en réaction au regard que les autres portent sur eux, et, qui repose souvent sur un seul trait différenciateur « la religion, l'origine et le physique ». Dans ce contexte, l'ethnicité est une construction des acteurs, conduisant à un codage de la situation d'exclusion par l'emprunt aux normes et aux valeurs de la société comme à un passé familial.

Une approche par le dialogue… Une approche sans aucun jugement !

Le CPIC 37

La prévention de la radicalisation via le programme du CPIC « Centre de prévention, réinsertion et citoyenneté » Si encore aujourd'hui l'efficacité de ce programme est difficile à évaluer, il pourra néanmoins permettre de tirer certaines leçons qui seront utiles pour la suite et pour d'autres ouvertures de centres.

Malheureusement il n'y aura pas d'ouverture d'autres centres, des établissements pas dédiés, surtout pas ! Le malaise est justement de vouloir créer des établissements, des centres, et maintenant des prisons avec des quartiers dédiés… Le CPIC 37 avait certainement des imperfections, mais il n'a pu avoir le temps de s'exprimer, de pouvoir donner du sens à son projet d'accompagnement des situations existantes.

Les différentes expériences de vie au sein de l'établissement furent toutes des plus diversifiées, j'ai dernièrement (jeudi 26 octobre 2017) cette conversation avec une situation du CPIC, nous échangions comme au quotidien depuis 17 mois consécutif sans aucune interruption (et même le samedi et dimanche) nous parlions et nous parlons du centre tous les jours. La particularité que je ressors de nos conversations « textotées » c'est déjà cette nouvelle forme de communication stéréotypée par les jeunes de la génération « IPHONE » qui utilise cet outil comme mode de communication, mais pas que, cet outil est un bouclier… Un bouclier à cœur ouvert !

Pour ma part, je n'étais pas très adepte de ce mode d'expression, mais avec le temps je m'y suis mis voire à être demandeur et y trouver mon compte. Nos textos sont des compléments des non-dits de nos rencontres !

J'ai pu aussi comprendre ce besoin, cette attente de l'échange, avec des temps proposés et programmés dans la journée, nous avons des moments clefs de la journée ou les attentes sont différentes et émotions se sont adaptées aux espaces-temps rythmés par nos envies et humeur du moment. Nous pouvons être complice d'un moment, sentir une présence, un souffle, une ombre sans être là !

Cette relation continue et quotidienne sécurise l'autre et s'inscrit dans un processus identique à celui du « rabatteur » qui en amont de son tissage, il construit une relation structurée, planifiée et orientée dans le temps, il hiérarchise ses interventions et demandes, le rabatteur va instaurer une relation qui sera dans un premier temps très courte dans son intervention, il sera flatteur, sécurisant, conciliant sans jamais s'initier dans la vie personnelle, il restera très superficiel. Au fil du temps, des échanges, il va demander à imposer des échanges à des moments précis à ses souhaits et les sujets seront orientés au fil du temps à sa guise. Dans certains cas, il sera très intrusif et plus présent, voire insistant, des envois de messages de 10 à 15 par jour et pouvant aller à 50 voire 150 par jour, dans certaines situations nous pouvons aller à plus de 300 !

À ce moment de l'analyse, nous comprenons que pour faire pas machine arrière, mais déjà comprendre et assurer une relation sécurisée, je me suis retrouvé à envoyer plus de 50 messages par jour et voir à y trouver du sens et un intérêt commun. Il est très important de garder cette forme et intensité dans l'échange en en parlant et la réduire régulièrement pour réapprendre à combler ces espaces vides, à se reconstruire. Je ne sais pas encore aujourd'hui si cela est bon ou bien ! Je me pose sans cesse la question, car je m'aperçois si je laisse trop de temps entre deux messages, il y a trois ou quatre messages qui me sont envoyés avec des phrasés demandeurs d'une réponse rapide pour sécuriser la personne de l'autre côté, cette absence, se vide, se blanc se retrouve difficile à combler et insécurise !

Le côté positif de nos échanges se trouve dans l'accompagnement du quotidien, ils ont besoin d'avoir un « guide, un repère » je ne sais pas si mon mot est exact, même au moment de le poser sur le papier j'ai un doute, je cherche autre chose, l'exprimer différemment… Un poisson-pilote, ou simplement une personne qui les écoute, les comprends, les comprends sans les juger ! Là je suis près de ma quête, de ce mot ou de cette expression que je cherche, sans jamais les juger et leur faire confiance, être sincère même quand ils font des choses mal, les reprendre et dire « ce n'est pas bien » et tu dois te reprendre !

Je dois faire attention de ne pas sortir de ma fonction, et rester assez distant pour ne pas prêter à confusion, être intrusif, trop près !

Je reviendrai sur cette vision des choses et la position de chacun, C'est important, quand on regarde aujourd'hui l'actualité de ce Samedi 1er juillet 2023 et les émeutes dans toutes les villes de France, je retiens une chose « le respect de l'autre » j'ai pu entendre « ils nous tutoie » c'est vrai est important de respecter l'autre en le vouvoyant ! Oui je confirme, loin de là je ne peux cautionne les dégradations et violence, mais Oui ! Pour ma part, j'emploie le « vous » au quotidien et depuis le début, encore une règle apprise dans le quartier par les « ainés » Dans mon travail, j'utilise le « vous » avec tout le monde, une équité ! les jeunes sont attentifs à cela et l'exprime – il m'arrive que des jeunes m'insultent… Mais en me vouvoyant ! c'est particulier et ils doivent exercer un effort pour trouver les mots…

Je souhaite revenir sur le CPIC et la non-continuité de son expérience. Cette interruption me travaille de plus en plus, non pas comme une obsession, mais plus comme une quête non aboutie ! Je me souviens de cet homme rencontré dans ma jeunesse et qui me dit : « Olivier, dans le cœur d'un homme, il y a toujours un soleil qui brille, à toi de le trouver ! »

Un soleil qui brille au sein de nous, cette lueur de BIEN qui nous fait faire du mal ! Du bon en nous qui mal perçu et compris se traduit chez certain comme de l'incompréhension de soi, dans la non-maîtrise de ses émotions, de son soi profond, de son existence… Son existence de vie ! Pourquoi je suis là ? Pourquoi sommes-nous venus ici ? Et pour quoi faire ? Notre quête !

Mettre du sens, je n'ai jamais entendu cette phrase aussi souvent depuis les huit dernières années… Les éducateurs ont sans cesse et à tous moments de la journée cette phrase à dire « il faut que tu mettes du sens » ou « monsieur le directeur, je ne comprends pas le sens du projet ? »

Nous nous prenons à vouloir intellectualiser notre mission et nos échanges, restons simples et prenons le temps d'écouter simplement sans répondre… j'ai remarqué depuis longtemps que NOUS et je nous mets tous dans cette case, que nous avons besoin d'être écoutés sans que l'autre prenne possession de nos mots, sans que l'autre reprenne nos mots, sans que l'autre porte un avis sur nos MAUX ! Mais simplement être là pour écouter, pour comprendre sans rien dire ! Mais être là et donner cette chaleur « simple » de cette présence physique.

Nous avons perdu cette simple relation humaine, qui existait il y a encore une vingtaine d'années, peut-être même plus loin encore ! Ces moments que nous passions à poser des mots assis ensemble où tout le monde avaient sa place, où tous étaient quelqu'un ! Nos images étaient nos proches, un membre de notre famille, un proche de notre entourage, une personne de notre quartier, voire une image de l'histoire… De notre histoire ! Nous nous posions en petit groupe, soudé, ensemble, solidaire et complice. Nous étions aussi remplis de doutes, de peurs, de craintes du lendemain, de plus loin et nous ne savions pas pourquoi tout cela avait été présent avant nous, qui avait pu bien avoir commencer et/ou cela nous mènerait ! Nous nous posions la question « quel âge pour l'an 2000 ? 36 ans ! Houa ! Et qu'est-ce que nous deviendrons ? »

Nous avions des doutes, mais nous les avions « ensemble », aujourd'hui nous les avons « seul » sans avoir la possibilité de le dire, sans avoir peur d'être jugé et exclu du groupe ! Les jeunes hommes et femmes que j'ai rencontrés au CPIC et aussi en dehors pouvaient me dire qu'ils n'avaient pas ou peu de possibilités d'exprimer leurs souhaits, idées et modes d'envie sans craindre le retour de l'autre.

Où va l'argent des associations qui luttent contre la radicalisation ?

Aujourd'hui encore et encore la question se pose avec le nouveau procès des fonds Marianne !

Les deux sénatrices qui éditeront un rapport commandé par le gouvernement parleront d'un montant alloué de 100 millions d'euros.

Je souhaite apporter un axe critique de cette mission et non de jugement propre de ma part, depuis les attentats de « Charlie Hebdo » le gouvernement a mis à disposition des associations et autres acteurs une enveloppe conséquente qui avoisine les 100 millions d'euros (à l'intérieur de cette enveloppe s'inscrit le développement et mise en place du programme des centres de prévention d'insertion et de la citoyenneté) la part aux actions associatives se situera vers les 8 millions d'euros,

Cette manne financière donnera des idées et en ouvrant très rapidement le robinet, le gouvernement ne se donnera pas le temps de pouvoir lire et comprendre attentivement le contenu, le projet de service et la finalité du projet mené… Il faut répondre rapidement, voire tout de suite à une demande, une crainte, une peur de l'ensemble de la population et n'oublions pas que nous sommes à deux années de la fin du mandat présidentiel. Des dirigeants d'associations et d'autres personnes qui vont en créer surferont sur la vague de la « radicalisation » et surtout sur le fait qu'encore à ce jour nous ne savons pas grand-chose de ce sujet complexe.

Peu de personnes sont en mesure de se positionner comme des spécialistes de la radicalisation, j'ai posé la question dernièrement (le jeudi 2 mars 2017) à trois personnes pleinement impliquées sur ce sujet et qui interviennent sur trois actes complémentaires :

Un sociologue (chercheur et écrivain)
Un docteur chercheur en psychologie (écrivain)
Et un aumônier musulman (référencé ministère et intervenant en prison et quartier dédié)

J'ai posé à ses trois personnes la question suivante :

Pouvez-vous nous éclairer sur le « début de processus de la radicalisation chez un homme ou une femme de 18 à 30 ans ? »

Ils resteront de longues secondes sans pouvoir répondre, et, aucun des trois n'osera prendre la parole avant que je reformule et change l'entrée de cette interrogation qui est pour nous au CPIC la porte d'entrée des « volontaires/bénéficiaires ». Je repose la question en partant des signes distinctifs et des comportements possibles d'une personne en voie de radicalisation.

Pour le sociologue, il va parler de « la hiérarchisation des valeurs », une inconsistance de la logique des valeurs et pour sa part devrait se voir et se comprendre par le biais d'entretien individuel dans le temps… Et là le bât blesse ! Car le temps nous ne l'avons pas forcément pour prendre une décision et nous prononcer sur la faisabilité de continuer le programme et déterminer si le « volontaire » est bien dans les critères d'entrée au programme. À ce jour, nous n'avons guère eu le temps de pouvoir poser nos outils et analyser les situations de ce fameux « début de processus d'entrée dans la radicalisation », porte d'entrée qui évoluera entre juillet 2016 et le 14 février 2017.

Nous étions sur « une personne en voie de radicalisation » et maintenant nous passons à « un début de processus de radicalisation » qui pourra m'expliquer en quelques mots la différence pour notre mission ?

Je pourrais dire tout de suite qu'une personne en voie de radicalisation nous semblait plus claire au premier abord, car le « début de processus de radicalisation » fait apparaître qu'il y a un « début » et ensuite « un processus ! »

Nous ne voyons pas le début, il n'est pas simple, compliqué, incertain de pouvoir poser à ce jour les bases et mots, voire actes du début de cette radicalisation, pourquoi, comment et quand ? Le sociologue parle de « hasard » et nous indique que pour ces personnes le hasard n'existe pas, n'existe plus ! Ils pourraient s'identifier dans le processus à l'équivalent des modes de perturbation d'une secte « l'univers leur parle ».

Le psychologue intervient et parle d'un cas du CPIC, M. était addict aux jeux de hasard en ligne jusqu'à la lecture du Coran et ses invocations qui a fait plier ses addictions du jeu par le texte sacré. Il serait bien de savoir comment pendant cette addiction i a pris l'initiative de se réfugier dans la lecture du Coran, est-ce que quelqu'un l'accompagner à le faire, a-t-il pris l'initiative seul et par quels biais et idée ? Il nous manque cette clef d'entrée.

Le psychologue parle qu'il a réussi à domestiquer ses pulsions rigoristes et le passage à l'acte, qu'il passe régulièrement par le jeune » et la contrainte du corps, de l'esprit et l'espace de jouissance pour établir un système tenable, mais pour combien de temps et à quel niveau ? Nous pourrons parler de « névroses obsessionnelles » Cet homme radicalisé a comme but de partir en Syrie pour faire de l'humanitaire cette mission est souvent présente dans l'esprit des personnes qui souhaitent partir se battre en Syrie. Ils sont d'abord investis de cette mission par les rabatteurs qui les focalisent sur une action divine et humanitaire, une mission donc avec un sens fort… Les jeunes ont besoin de sens et se raccrocher à quelque chose de fort, de significatif comme une action humanitaire, dans le livre de Tayeb Chouiref « les citations coraniques expliquées » il est impossible de comprendre la lecture du Coran dans son sens véritable et son interprétation dépend de ce que nous venons chercher et ce que nous souhaitons comprendre ou faire comprendre. Toute la difficulté, quand on lit le Coran et qu'on essaie d'en pénétrer le sens, vient de l'incommensurabilité entre le message et le réceptacle humain. Dieu choisit toujours de « parler » en une langue primordiale qui exprime les vérités les plus profondes dans les termes les plus concrets. C'est seulement plus tard que la langue sacrée acquiert une dimension abstraite et philosophique. Il est déplorable que trop de lecteurs ne retirent du livre le Coran qu'un enseignement superficiel et tronqué « il est dommage d'atteindre la mer pour n'y puiser qu'une cruche d'eau, alors qu'on y trouve des perles et cent mille choses précieuses ».

Nous avons une porte d'entrée issue de nos travaux au sein du CPIC serait que la majeure partie de nos volontaires ont construit un monde où l'on peut se passer du père, qui serait ou pourrait être remplacé par « dieu » dans la lecture divine du Coran.

Je reviens sur les mesures gouvernementales et les instances liées à cette lutte contre la radicalisation, et les fonds alloués aux associations. À cette date du 5 mars 2017, nous avons toujours les mêmes pictogrammes sur les sites recommandés pour signaler une personne qui serait radicalisée » et je pense que cela est dangereux et amène des dérives importantes. D'abord, car nous retrouvons lors des préfectures des signalements qui n'ont aucun sens comme :

- Ma fille voit un garçon que je ne trouve pas sain et j'ai des doutes sur lui !

- Ou elle veut se marier avec tel homme et avec mon mari nous ne sommes pas d'accord de cette union et nous avons une crainte qu'il l'emmène en Afrique vivre et qu'elle s'éloigne de nous !

Il y a plein d'autres récits de ce genre ou même d'autres qui viennent prendre du temps de lecture, du travail pour les quelques professionnels en place dans les commissions, mais nous avons d'autres récits qui nous entraînent vers des dérives sur l'aspect physique de la personne ou sa façon de vivre, voir s'habiller…

- Mon fils reste seul dans sa chambre depuis quelque temps et il me semble qu'il ne voit plus ses copains !

- Il ne veut pas sortir depuis quelques jours et je le vois souvent avec une fille et copain bizarre ! Et surtout sa façon de s'habiller…

Nous comptons au 1er mars 2017 près de 16 250 personnes signalisées en France 22 500 aujourd'hui et voire plus encore et ce nombre est en augmentation tous les jours, mais restons très vigilant a se chiffre important, mais très peu significatif. Dans toutes ses personnes signalées, nous retrouvons beaucoup de cas identiques aux exemples expliquer au-dessus, et de plus pour complexifier la démarche et recherche voire analyse l'UCLAT interdit de communiquer ses éléments, ses données, ses chiffres et surtout les dossiers des personnes signalées qui permettrait de faire une étude statistique précise.

Intervention, juillet 2016

En charge de la coordination opérationnelle des services appelés à lutter contre le terrorisme depuis sa création en 1984, l'UCLAT a été désignée en avril 2014 comme cheville ouvrière du nouveau dispositif de lutte contre la radicalisation violente et les filières djihadistes.

Elle produit une évaluation de la menace terroriste destinée à l'information du ministre de l'Intérieur pour adapter les dispositifs de sécurité.

Elle centralise les signalements de radicalisation.

Elle centralise et coordonne l'ensemble des mesures de police administrative destinées à prévenir les actes liés au terrorisme en étroite collaboration avec les services spécialisés.

Elle sensibilise à la menace liée à la radicalisation et aux modalités de lutte contre l'action djihadiste via des formations, contribue à l'élaboration d'un contre-discours sur les réseaux sociaux et conduit des analyses prospectives.

Elle représente la communauté antiterroriste française dans les enceintes européennes et internationales.

Ses missions sont multiples, on notera particulièrement :

Évaluer la menace terroriste en :

Recevant des renseignements de diverses provenances :

Des services de police ou de sécurité ;

Des officiers de liaison de la Direction de la Coopération Internationale à dominante terrorisme et des Attaché de Sécurité Intérieure ;

D'organes internationaux spécialisés dans le terrorisme.

Confrontant et analysant les informations collectées au cours de réunions hebdomadaires et spécifiques pour établir des évaluations générales, sectorielles et individuelles ;

Adaptant les dispositifs de sécurité de :

Protection des personnes civiles ;

Protection des hautes personnalités.

Analyser les phénomènes du terrorisme et de la radicalisation en réalisant :

Des notes de réflexion et de prospective au profit de la communauté antiterroriste fédérée par l'UCLAT.

Lutter contre la radicalisation en recueillant les signalements reçus au Centre National d'Assistance et de Prévention de la Radicalisation (CNAPR) via le numéro vert 0 800 005 696 et les formulaires internet ;

Centralisant les signalements provenant des États-majors de Sécurité (EMS) des préfectures.

Administrant le Fichier des Signalements pour la Prévention et la Radicalisation à caractère Terroriste (FSPRT).

Permettant un accompagnement de premier niveau des familles, assuré par une psychologue clinicienne, conseillère technique et réfère auprès des acteurs de prévention de la radicalisation.

Centralisant et coordonnant les mesures de police administrative de droit commun et dans le cadre de l'état d'urgence en collaboration avec les services spécialisés.

Incitant à prévenir et agir contre la radicalisation en :

Assurant des formations et sensibilisations à la menace terroriste et aux signes de radicalisation auprès d'acteurs publics et privés.

Contribuant à la mobilisation contre le terrorisme via les réseaux sociaux par un contre-discours djihadiste.

Représenter la Direction Générale de la Police Nationale dans le cadre des relations interministérielles et internationales :

Auprès des enceintes interministérielles :

D.G.A.C. (Direction Générale de l'Aviation Civile) ;

S.G.D.S.N. (Secrétariat Général de la Défense et de la Sécurité Nationale).

L'UCLAT et son intervention au CPIC37

Nous les avons accueillis en juillet 2016 – c'était un vendredi le 13 juillet 2016 ! lors du programme de formation et d'appropriation des différents processus de basculement vers la radicalisation. Ils sont venus un vendredi sur une journée complète nous expliquer leur organisation, le recueil des éléments, les étapes des dossiers, le public, les suivis des fichés « S », bref la totale.

Quand elles/ils sont venus nous étions sur la fin du programme que j'avais mis en place, les intervenants étaient gérés par l'état-major et je n'avais la date et organisation que 72,48 voire 24 avant le jour « J » dans plus grande majorité, je devais donc adapter le programme et m'adapte aux souhaits et désirs de l'état-major. Je ne vous cache pas qu'au bout d'un moment cela n'est pas facile à gérer au quotidien et ce mode de travail est vite pesant, sans compter le retour des salariés ! Je ne pouvais pas les mettre dans la confidence et faire avec des salariés pas toujours conciliants (je peux peut-être aujourd'hui les comprendre).

Je me suis retrouvé vite confronté à des tensions sur la gestion des RH, les plus durs furent les anciens du centre « les ex-Pontourny » c'était l'appellation sur toute la période et encore aujourd'hui. Les ex-Pontourny étaient composés en majeur partie d'éducateurs spécialisés, des maîtresses de maison (x2), des cuisiniers (x3), et deux salariés du service pédagogique.

Bref, je vais revenir à leur intervention au CPIC 37 de l'UCLAT qui aura une portée importante et marquera un point de départ aux craintes, aux doutes, aux incertitudes de certains salariés… Le point de non-retour, nous pouvons faire un parallèle à l'embrigadement religieux ou l'emprise du cerveau ! Les salariés à partir de cette intervention ne seront lus les mêmes, et des questions resteront présentes tout au long du parcours, de notre travail,

Ils rentreront dans le vif du sujet directement, comme s'ils avaient en face d'eux des professionnels de l'antiterrorisme, des militaires, une brigade spéciale… Ils sont CASH !

« Vous allez devoir changer de nom, prendre des pseudos et vous inventer une nouvelle vie, il ne faudra en aucun cas pas parler de vous aux futurs bénéficiaires, cacher vos voitures, ne pas dire votre nom de famille, ou vous habitez, vos enfants, vos loisirs, votre numéro de téléphone, faites attention à vos pages Facebook, faites attention quand vous allez parler entre vous ! »

Houlà ! la liste de course de la terreur est longue, au fur et à mesure les visages des salariés se décomposent.

Le lundi qui suivra, plus de quinze salariés seront encore sous le choc et perturbés, nous serons dans l'obligation de percer l'abcès e et revenir sur cette intervention. Cette intervention laissera une trace indélébile et marquera au fer rouge la suite du programme, sans cesse elle sera une référence et ressortira à chaque couac, à chaque doute, elle va créer des incertitudes, des peurs, et se traduira chez certains comme le moment de se construire un bouclier, de se proscrire. Ce lundi qui suivra, lorsqu'ils arrivent les uns après les autres, ils ont une mine basse, avec le regard lointain d'avoir passé les trois nuits du vendredi au dimanche soi, des nuits perturbées questionnantes sur son futur dans le projet, sur sa posture, sur soi, sa famille ?

Comme à mon habitude aussi bien quand j'anime une réunion, mais je suis encore plus attentif quand d'autres animent, je balaye du regard l'ensemble des personnes présentent et je scrute les évolutions du comportement, les gestes, les regards, les émotions de chaque personne. J'attire votre attention sur les fichiers de la FSPRT, fichier des signalements pour la prévention et la radicalisation à caractère terroriste.

Ces dossiers transmis par cette juridiction sont « secret défense » donc lisibles que par des personnes qui sont reconnues « secret défense ». Aujourd'hui, tous les principaux acteurs de la lutte contre la radicalisation ne sont pas aptes à pouvoir lire et avoir accès à ces dossiers ! D'où la complexité de cette action… Il faut être « secret défense » j'ai été invité à déposer une demande pour l'être.

La relation entre la direction du CPIC et l'UCLAT :

Nous avions un dossier plus compliqué que les autres sur le papier, il s'avère que j'étais le seul au sein du centre à connaître le contenu du dossier et les grandes lignes pouvant craindre à des conduites dangereuses.

Sur ce dossier, j'ai eu des informations venant de différentes directions – le problème dans ces dossiers plus « tendus » que les personnes en possession d'éléments ne savent rester seules avec leur information par manque de professionnalisme et aussi par méconnaissance et peur.

La situation « est la situation du centre »,

Dernière semaine avant le premier week-end de vacances de fin d'année et celui de noël, noël qui est une date et période importante et compliquée pour nous au centre et nos « pensionnaires » nous avons travaillé dans le programme sur cette période et la compréhension de chacun. Nous sommes le mardi matin vers 7 h 15, je me dirige vers le bureau central des éducateurs pour lire le cahier de liaison « recueil des informations du quotidien » je prends mon temps pour recueillir toutes les informations et je suis accompagné d'un calepin pour prendre des notes – je m'aperçois qu'un bénéficiaire a eu du mal à dormir (jusque-là rien de bien dérangeant, cela arrive de faire des cauchemars ou avoir une nuit perturbée par de vieux démons ou autre) sur cette situation c'est un bénéficiaire qui dort bien, n'a jamais eu de nuit perturbées, ne rechigne pas trop pour monter ce coucher ! Je poursuis ma lecture et note qu'un éducateur de nuit note :

« C'est la première fois que ce bénéficiaire ne dort pas, il est descendu nous voir (les deux éducateurs présents la nuit) pour nous demander d'aller faire du sport pour se vider. »

L'éducateur concerné notera :

« Le bénéficiaire a eu une nuit perturbée ce qui n'est pas son habitude, malgré une bonne soirée calme, nous sommes allés faire du sport pendant une bonne heure, le bénéficiaire a semblé vouloir se dépasser et aller au bout de ses possibilités… Il n'était pas nerveux, mais inquiet, oui il semblait inquiet ! Puis le bénéficiaire est monté se coucher sans aucun problème, réveil calme et à l'heure ! RAS. »

RAS ! pas pour moi ! Je connais mieux certaines situations que l'ensemble du personnel, mais surtout celle-ci, après ma première lecture, je recommence pour étudier les mots, mes assemblages de mots, les phrases, les constructions, essayer de me transporter dans le moment présent de la nuit, dans la salle de sports, dans la main de l'éducateur qui a écrit ce texte ! J'ai personnellement recruté les cinq des six éducateurs de nuit, et j'en connais trois plus personnellement ce qui va m'aider à comprendre la structuration des phrases et la forces et puissance des mots leurs places dans sa phrase. Je ferme les yeux et j'imagine la situation en citant les mots de l'éducateur, je sens une faille, un manque, une chose qui n'est pas à sa place… Je note des mots et je retourne à mon bureau, sur le chemin les mots ne me plaisent pas, la situation ne me plaît pas !

Je rentre dans mon bureau et je prends mon téléphone personnel pour appeler le directeur général de l'état-major pour l'informer de mon interrogation, il recueille mes doutes et me demande d'être vigilant : a-t-il bien pris en compte mon intervention et mes craintes ? Je ne sais pas ! Doute-t-il de mes dires ? Est-ce qu'il les a pris en compte ? Je n'en sais rien…

Je vais informer les deux chefs de service de cette situation et je demande une vigilance spéciale et en douceur pour ne pas inquiéter les salariés et le bénéficiaire et aussi les autres êtres attentifs toute la journée.

Nous sommes aux alentours du… 21 décembre en fin de journée mon téléphone portable (personnel, car je n'ai jamais eu droit d'avoir un téléphone professionnel et toutes les familles, les personnes du centre, les associations et toutes les autres personnes avaient mon numéro personnel – malgré des relances et des promesses de l'état-major « 35 à 50 emails »). Un officiel supérieur de l'UCLAT me contacte pour faire le point sur la situation, avoir mon ressenti, mon avis, puis dans la conversation la personne me glisse.

« Il ne faut pas que la personne rentre chez elle, nous craignions un attentat sur le marché de Noël. »

Je lui demande plus d'informations et me justifie cette sollicitation !

« Il est difficile de mesurer les risques. »

MOI : OK, mais ce n'est pas si facile à faire.

L'UCLAT : Oui, mais il faut le faire.

MOI : D'accord, j'entends votre demande, mais pourquoi ne pas venir le mettre en garde à vue pendant le week-end ?

L'UCLAT : Non, il ne doit pas être au courant de nos doutes et craintes !

MOI : OK, mais cela ne va être facile à faire, il a projeté son week-end depuis longtemps et part avec une autre personne du centre et les parents sont au courant.

L'UCLAT : Personne ne doit être au courant et faites au mieux !

Voilà la fin de la conversation et toi tu restes assis sur ton fauteuil derrière ton bureau avec cette information « seul » nous étions au milieu de la matinée et il me restait un jour et demi avant la date du départ en week-end. Là tu te poses des questions ! J'ai pris un temps de boire un café et marché pour faire le tri des informations et structurer les étapes à venir avec un compte à rebours de 36 heures !

36 heures qui vont passer à 200 à l'heure ! Chaque seconde est comptée, je dois mesurer la situation et comprendre comment l'aborder sans informer le personnel, l'inquiéter : juste pour imaginer un moment.

Je réunis le personnel dans la salle de réunion et je lance :

« Bonjour à tous et juste une petite info du jour, donc la personne… Doit rentrer chez elle ce week-end et les services antiterroristes m'informe qu'il y a de grandes chances qu'il fasse un attentat suicide sur le marché de Noël de la ville de… OK donc voilà vous avez l'info et il doit rester ici ce week-end donc bonne journée et bon week-end pour les éducateurs de ce week-end. »

Pardon ! J'avais oublié vous ne pouvez en parler à personne ! personne !

Non impensable, impensable ! Nous perdons la moitié du personnel en fin de réunion, une autre partie demande son incarcération, et la dernière fait valoir le droit de « réserve » pour ne pas travailler sur les 5 à 6 jours prochains.

Il me reste 34 ou 35 heures, je cherche au fond de moi comment prendre le dossier, comment commencer, sans papier ni crayon de crainte de laisser le papier sur mon bureau ou autre endroit et une personne pourrait tomber dessus. Je dois structurer et construire dans ma tête et faire des cases. Cette journée je vais la finir comme à l'identique et partir vers 18 h 30 comme à mon habitude, je vais faire mon tour pour dire au revoir à tout le monde et en plus ce moment me permet de prendre la température de la soirée et de l'instant présent. Je croise la personne concernée qui revient d'un footing avec un éducateur, ils sont légèrement essoufflés, car se sont tous les deux de bons sportifs et passionnés

MOI : Vous avez fait combien de kilomètres ?

LE PERSONNEL : Environ… demande à l'éducateur qui regarde sa montre, 55 minutes !

MOI : Bien et cela fait du bien, il fait bon ce soir !

Je constate qu'il est posé et calme

Le jeune M rentrera chez lui dans le Nord et il ne posera pas d'acte violent ! heureusement – le week-end fut interminable.

À partir de la date et réunion du 11 février 2017

Comment lutter contre les dérives islamistes dans l'hexagone, cette semaine encore des sénatrices (LR et EELV) ont rendu un pré-rapport sévère sur la politique française via la déradicalisation, terme que je fustige et réfute, il faut que l'on arrête de l'employer à tout bout de champ et nos élus et autres représentants doivent montrer l'exemple. Ils font le jeu des médias et des détracteurs du projet et de tous les projets en cours, le jeu des médias, des radios, de la presse et autres associations d'extrême droite qui font du beurre avec ses termes. Quand ils parlent de djihad académie pour faire peur ! Et surtout faire vendre du papier, et je note qu'en ce temps d'élections présidentielles cela ne sert qu'à attiser les craintes et démonter les actions monter par l'autre parti simplement !

Mais pendant ce temps le problème reste présent et nous n'avançons pas la critique pour la critique non constructive, les deux sénatrices pointent le Centre de Pontourny CPIC 37 à Beaumont en véron comme un échec cuisant et coûteux… Qu'ont-elles fait pour aider la réflexion, où est leur travail de réflexion ? Simplement une critique froide et directe et une comparaison avec des associations qui ont reçu des aides et autres subventions de l'État depuis 2014 et dont le programme d'accompagnement n'est nullement comparable, puisque pour comparer il faudrait trouver une action qui se trouverait sur le même axe de travail, et le CPCI 37 de Pontourny est le seul actuellement en France, en Europe et voire plus loin dans cette configuration.

Elles le fustigent et l'associe à l'échec de l'association de Dounia Bouzzar qui pour sa part fut subventionnée par l'état de 2014 à 2016, la question que je e pose tout de suite est :

Pourquoi ces deux sénatrices n'ont pas pris le dossier de Dounia Bouzzar dès le début ou à 3 mois d'ouverture pour faire une analyse de la situation à l'identique du centre de Pontourny et laisser deux années d'exercice pour la pointer du doigt et s'apercevoir de l'échec cuisant ?

Ils l'ont eux-mêmes qualifie de pseudo spécialiste de la radicalisation, j'ai entendu dire lors d'un échange formel dans mon bureau en février 2017 qu'elles étaient sur le sujet depuis de longues années et se considèrent comme des spécialistes de l'emprise et de la culture musulmane, j'ai entendu leur engagement et connaissance du sujet aigu, mais alors que faisaient-elles en 2014, 2015 et 2016 ?

Nous parlons ici d'un sujet dont personne n'a de réponse précise, personne ne peut dire avoir cerné et fait le tour de la question

« Un travail de longue haleine. »

« Tu peux à ton gré accorder ou refuser tes embrassements à tes femmes. Il t'est permis de recevoir dans ta couche celle que tu en avais rejetée, afin de ramener la joie dans un cœur affligé. Tu ne seras coupable d'aucun péché en agissant ainsi ; mais il serait plus convenable qu'elles fussent toutes satisfaites, qu'aucune d'elles n'eût à se plaindre, que chacune reçût de toi ce qui peut la contenter… »

Le centre de prévention, d'insertion et de citoyenneté D'Indre-et-Loire

Premier établissement du groupement d'intérêt public « Réinsertion et Citoyenneté » issu du programme gouvernemental éponyme, le centre de prévention, d'insertion et de citoyenneté d'Indre-et-Loire est ouvert depuis le 1er juillet 2016. Depuis cette date, les personnels préparent le centre à sa mission pour accueillir dès la rentrée les premiers bénéficiaires du programme et leur permettre de mettre en œuvre un projet éducatif et professionnel au cours de leur séjour.

Pourquoi ce site ?

Le site d'Indre-et-Loire était occupé jusqu'au 30 juin 2016 par le centre éducatif et de formation professionnelle (CEFP) de Pontourny, géré par le département de Paris et dédié à l'accueil de mineurs étrangers isolés. Ce centre disposait de personnels compétents et de locaux adaptés à l'accueil avec hébergement.

Le dialogue avec les élus locaux et la motivation des personnes qui souhaitaient s'engager dans le nouveau projet en ont permis l'aboutissement.

Des travaux ont été réalisés (aménagement intérieur, sécurisation) et les personnels ont entamé un cycle de formation pour répondre aux exigences de l'accueil d'un nouveau public.

Que peut apporter le centre d'Indre-et-Loire ?

Il sera le premier centre à assurer une prise en charge collective et un accompagnement personnalisé pour favoriser l'aboutissement de projets individuels d'insertion ou de réinsertion.

Le centre de prévention, d'insertion et de citoyenneté d'Indre-et-Loire a donc vocation à assurer pour les bénéficiaires :

- Un accompagnement pour le traitement des difficultés personnelles ;
- Un travail de distanciation avec l'engagement radical ;
- La promotion des valeurs de citoyenneté, de respect d'autrui, de la règle de droit et des valeurs de la République et de la démocratie ;
- La réinsertion sociale et professionnelle.

Il s'agit d'un établissement social et médico-social à caractère expérimental selon les termes du code de l'action sociale et des familles.

Quelle est sa spécificité ?

Son public. Il s'agit de jeunes majeurs volontaires, garçons ou filles, âgés de 18 à 30 ans.

Ces volontaires ont été identifiés comme des personnes fragiles psychologiquement, des personnes présentant des carences éducatives, des jeunes ayant des problèmes d'insertion professionnelle, des jeunes susceptibles d'être exposés à la violence ou des personnes de milieu défavorisé souhaitant saisir l'opportunité de sortir du processus de radicalisation par une démarche de formation.

Il s'agit de jeunes majeurs de moins de 30 ans en début de processus de radicalisation et non engagés dans des actions violentes. Ne sont donc pas concernés : les revenants de zones de conflit, les détenus et personnes sous-main de justice pour des faits liés à la radicalisation, les mineurs, les majeurs présentant des troubles psychiatriques.

Les Préfets, en s'appuyant sur les cellules départementales de suivi, ont proposé la candidature de ces personnes à la sélection du groupement d'intérêt public « Réinsertion et citoyenneté » avant affectation.

Quelles sont les modalités de prise en charge ?

Ce sont celles retenues pour assurer le fonctionnement de tous les centres « Réinsertion et citoyenneté ».

Ainsi, en Indre-et-Loire, le séjour sera bien organisé sur le principe de l'internat, sur 10 mois maximum, avec un nombre maximal de bénéficiaires de 25 et un cadre de vie structuré, plaçant la citoyenneté et le respect de la liberté de conscience et du principe de laïcité au cœur de son action.

Les autres modalités et obligations prévues dans les centres « Réinsertion et citoyenneté » seront mises en œuvre en Indre-et-Loire : respect du règlement, signature d'un contrat pour un programme personnalisé d'actions, soutien de l'équipe pluridisciplinaire d'encadrement, accompagnement…

Quelles seront les caractéristiques du séjour dans le centre ?

Schématiquement, quatre phases sont retenues autour du projet d'insertion : la définition (3 mois), la stabilisation (3 mois), la finalisation (3 mois) et la consolidation pour préparer le volontaire à la sortie du centre (1 mois).

Ces phases sont portées par les plateformes qui organisent les ateliers et activités spécifiques autour des objectifs de prise en charge médicale et sociale, de distanciation et de resocialisation, d'engagement citoyen et d'insertion professionnelle.

L'emploi du temps et le programme prévisionnel sont formalisés. Ils sont revus chaque semaine.

Comment est prévue l'évaluation ? Quels sont les processus de concertation ?

Conformément au code de l'action sociale et des familles, le groupement d'intérêt public et son établissement doivent répondre à des obligations envers l'État par la production de documents reflétant ses résultats à partir d'objectifs et d'indicateurs formalisés.

Les indicateurs portent sur les quatre plateformes identifiées et l'activité générale du centre.

Des points d'étape peuvent être programmés.

L'État a également souhaité installer un comité de suivi pour associer, notamment, les élus locaux aux questions qui concernent le fonctionnement du centre et ses relations avec l'environnement.

La présentation aux journalistes, le 13 septembre, du centre de prévention, d'insertion et de citoyenneté d'Indre-et-Loire a pour objectif d'assurer une information complète sur les conditions d'accueil des bénéficiaires et sur les grandes lignes du programme les concernant.

Les personnels et dirigeants en responsabilité sur ce programme, en accord avec le Gouvernement et les autorités locales, demandent expressément aux journalistes, à l'issue de cette présentation, et dès lors que le centre accueillera ses internes, de :

1) Ne maintenir aucune présence extérieure, même ponctuelle, pour effectuer des prises de vues ou solliciter des entretiens.

2) Ne solliciter aucune prise de vue ou aucun entretien auprès des personnes concernées par son fonctionnement.

3) Ne donner suite à aucune proposition tendant à la remise de prises de vues ou d'entretien en relation avec le centre et les personnes présentes.

Ces situations étant de nature à perturber les travaux et compromettre la réussite de ce projet expérimental.

Parallèlement, la relation avec les organes de presse pourra s'établir comme suit :

1) Les questions relatives au fonctionnement du centre et de ses relations avec l'environnement évoquées dans le cadre des réunions du comité de suivi pourront donner lieu à information, à l'initiative du préfet d'Indre-et-Loire.

2) Le secrétariat général du comité interministériel de prévention de la délinquance et de la radicalisation est le point de contact pour la presse.

3) Les demandes de visites ultérieures pourront être traitées, en excluant les périodes de présence de personnels et d'internes, pour les raisons précédemment indiquées.

Le CPIC et la radicalisation :

La radicalisation est définie comme le processus qui conduit un individu à rompre avec la société dans laquelle il vit pour se tourner vers une idéologie violente, en l'occurrence le « djihadisme ». La prévention contre la radicalisation et le djihadisme regroupe un ensemble de mesures, concernant des domaines sociétaux variés visant à empêcher la radicalisation. Le programme du CPIC 37 vise « se défaire » de ce processus de radicalisation et à encourager la réinsertion des personnes concernées dans la société actuelle. Nous pourrions aussi il me semble parler de « réhabilitation ».

Attention aux différentes appellations et mesures de la « dé-radicalisation » *terme trop souvent utilisé ou alors aussi la* « contre-radicalisation ».

La première réflexion est partie de deux entités :

1/l'EPIDE (Établissement public d'insertion et de l'emploi)

2/ CEF (Centre éducatif fermé)

Chronologie de l'année 2016

Intronisation par le DG du GIP le 1er juillet 2016, début d'un projet, nous partons de « zéro », un projet « expérimental ». Cette expérience sera ma première, animer un groupe de salariés associé ou parsemer d'intervenants des plus prestigieux sur le thème, mais qui reconnaissent me dire « cela ne va pas être facile » et « je n'aimerais pas être à votre place ».

Je crois que toute façon j'étais déjà très motivé pour m'atteler à ce projet, mais plus on me disait que cela aller être dur et plus je trouvais de l'intérêt, un défi sur plusieurs axes… Une grosse motivation !

Jamais un instant et encore aujourd'hui je ne regrette cette expérience, à aucun moment. J'ai toujours bien dormi et je ne suis jamais venue « à reculons ». Je me souvenais d'où je venais et le parcours fait depuis ses quarante dernières années, toutes expériences qui me servent aujourd'hui, toutes ces personnes qui ont croisé mon chemin, ma vie…

Je me suis enrichi de tout cela, je me faisais des flash-backs pour trouver des situations identiques pour trouver rapidement la solution ou mettre en place de stratégies. Et des expériences, j'en ai vécu et vu des choses, même dures et quelquefois pas faciles à voir et supporter. Il m'est arrivé à certains moments de mal dormir, voire passer des nuits blanches, je dirais des nuits « noires » à revoir ses images sans cesse devant moi, sans pouvoir les ôter ! Alors aujourd'hui je prends du plaisir, du plaisir au quotidien, je me regarde le matin dans la glace et je me dis :

« Putain comment tu as fait pour être là. »
« Tu te souviens quand tu as écrit ce courrier. »

Je pars le matin sur la route, j'ai quelque 78 kms de chez moi à mon travail, et j'ai le temps de me poser les questions et de trouver pour la plupart des réponses, j'ai le temps de me vider, de souffler, d'évacuer le quotidien et passer à autre chose… À la vie !

Je reviens à cette première semaine face aux salariés, il faut dire que j'avais emmené avec moi un ami sur le poste d'éducateur de nuit, un autre comme chef de service « pédagogique ».

Pour cette mission j'ai travaillé en amont sur le dossier de la radicalisation et sur un public que je ne connaissais pas encore, mais je ne me faisais aucune montagne et crainte. Ma mission était de mobiliser l'ensemble du personnel et le faire travailler à construire le projet éducatif et pédagogique en 7 semaines…

7 semaines pour écrire un programme de 10 mois en 4 phases et 4 grands axes en évolution sur les 4 phases ! Quoi ! un truc que je n'ai jamais fait en sortes, mais à aucun moment j'ai douté… Aucun moment, je me suis attelé en j'ai foncé et tracé mon chemin et me tenant à mon discours et mes orientations, avec le recul je me demande comment j'ai pu faire passer tant de choses !

- Le port de tenue « uniforme » ;
- Choisir les couleurs ;
- Le mât des couleurs ;
- Le chant de la Marseillaise ;
- La posture professionnelle ;
- Et un directeur qui dirige…

Il y eu des échanges et des discours qui furent âpres, des salariés qui ne lâchaient rien, des syndicalistes acharnés et des tensions entre anciens salariés qui faisaient surface, je n'avais pas de temps libre, je devais avoir la réponse rapide ou botter en touche.

Chaque soir en rentrant chez moi, je refaisais la journée et je notais tous les moments où j'avais pu être en délicatesse, ou ils me cherchaient, ou ils titillaient. Je notais tout et je retravaillais, mes objectifs, mes introductions, mon discours. J'apprenais les grandes lignes de la journée et improvisai dans la suite. J'adore ses moments de recherche, de remise en cause, en question, le fait de trouver des plans B, C voire D… Faire des pirouettes et ne rien lâcher, ou même si des fois j'arrivais et je me disais aujourd'hui tu acceptes et tu lâches un peu… sur le début et la fin de la journée, il faut leur laisser un eu de mou, d'espoir, qu'ils croient avoir mis un peu d'eux et croire avoir eu le dernier mot ! Mais ce ne fut pas simple, voir certains jours je fus en délicatesse et vent debout contre moi… De plus, je devais récupérer les négociations d'avant, d'avant notre arrivée.

Depuis le début de l'année, et certainement avant 2016 les salariés sont accrochés au syndicat qui prend les rênes des négociations et tente de soutirer des avancées aussi bien du côté de la mairie de Paris que du côté du GIP (le Groupement d'intérêt public - cette instance doit à l'avenir être le support et plus simplement dénommé « l'état-major » de tous les futurs centres de France).

Le syndicat FO, le syndicat qu'il vous faut ! je ne dirais pas cela, ils furent horribles avec moi et ils se sont donnés à cœur joie, un souffre-douleur gratuit ! Et par-dessus le marché en aucun cas j'avais la possibilité de pouvoir me défendre, car à chaque réunion au centre et cela se passe dans son bureau, dans mon bureau… Houa ! Mon bureau ! la grande classe, 30 mètres carrés de bureau, avec une cheminée, deux grandes fenêtres sur le parc et une porte-fenêtre, accès aux appartements privatif, une grande table de réunion, bureau bien sûr sinon nous aurions appelé cela une salle de réunion et pas mon bureau. Non, je sors d'une expérience avec un placard de 10 m² à peine tu as le malheur de bouger que tu te cognes contre les murs, le seul avantage quand tu cherches un document dans ton armoire tu tends simplement le bras ! Cependant, tu finis avec des bleus aux jambes et coudes.

Bon, mon bureau faisait office de place publique pour le lynchage de la direction par les syndicats avides de pouvoir, des syndicats frustrés… Et j'avais de mon côté le commercial du GIP, c'est le genre de mec qui te vend des palmes à un cul-de-jatte… Le mec qui te fait croire que demain tu remplaces François Cherreque à la tête du syndicat national.

Et à chaque fois, il leur disait que le mois prochain il allait revenir avec des avancées et bien sur le mois d'après il trouvait une excuse ou mieux, au bout d'une heure voire une heure et demie, il prétexta devoir reprendre son train pour un autre rendez-vous plus important. Mais en aucun cas il m'a défendu devant les couteaux et autres ustensiles lancés à bout portant !

Ces phrases favorites sont :

« Je vous entends, et je vous comprends. »

« Oui, vous avez raison, et je suis d'accord avec vous. »

« Nous vous avons entendus et nous allons vous apporter une réponse lors de notre prochaine rencontre. »

« C'est en cours. »

« La réflexion est lancée. »

« Cela mûrit positivement. »

Lors de nos rencontres, al techniques est identique au début vous vous dites « pas mal le mec ! Il se débrouille bien ! » puis au fil du temps vous vous essoufflez et vous ne l'écoutez plus du tout… Lui cependant, ne change en rien sa façon de faire, à certain moment pendant nos échanges je me demande ce qu'il peut bien penser ?

Il est là devant vous à toucher sans cesse sa montre connectée et regarder ses courriels ! Il prend des notes sur un petit calepin à spirale, en revanche, il n'a jamais de stylo et vous sollicite à chaque fois, voire la plupart du temps il part avec votre stylo.

Toujours tiré à quatre épingles » il est important de paraître et de montrer sa classe sociale, alors pour cela il peut passer ou à énumérer ses voyages, ses voitures et futur achat de « Mercedes » les voyages à la réunion et sans cesse montrer son costume, mais attention sans oublier de vous faire voir son « iPhone 6 ou 7 ».

Les échanges…

Lors de vos échanges, il fera de longues, de très longues introductions qui pourraient vous permettre d'oublier de poser des questions, ou vous obliger à en éviter pour aller à l'essentiel et vous mettre dans une situation de choix de question et vous déstabiliser, je dirais là sur cet axe : *Bravo M. G…* (je n'informerai pas sur son nom ni prénom pour ne pas lui donner l'importance qu'il recherche). Il continuera sur son introduction jusqu'au moment où vous en avez marre et commencez à vouloir lui couper la parole pour enfin exposer vos idées… Et là il va vous demandez encore de finir la dernière et vous donnera la parole en vous invitant à faire vite, car i doit prendre son train rapidement, le train, quelle magnifique invention de l'homme et des prétextes d'arriver en retard ou voir pour cette personne de partir plus tôt !

Nous travaillons ensemble depuis le mois de juin 2016 (au début par téléphone) et à chaque rencontre, réunion, visite, il finira toujours par la même formule : « Je vous prie de m'excuser, mais j'ai ou plutôt nous avons un train à prendre ». Oui j'avais oublié, il n'en vient jamais seul pour le prétexte du retour en train, il nomme toujours « nous » et jamais « je » vous pensez bien trop facile de se camoufler derrière les autres !

Je vais finir sur cette personne qui ne mérite pas que je passe trop de temps sur son sujet qui n'est que là encore un mot qu'utilise souvent lors de ce paragraphe, il n'est qu'un prétexte ! Oui, au moment où j'écris ce passage, nous sommes le dimanche 11 mars 2017, et je suis à 5 jours de mon entretien à l'état-major.

Je reviendrai certainement plus loin sur cette étape, que je vais devoir franchir le mercredi 15 mars 2017.

Donc revenons au début du pourquoi je suis en poste, et le cheminement de celui-ci. Le matin je passe au café du village avec mon calepin et je travaille au café, j'adore cette ambiance du bar, bruits, odeurs, et cette chaleur qui vole au-dessus des verres, des tasses et du comptoir. Cette ambiance est la finalité de ma réflexion du matin dans la voiture.

J'apprécie avoir ces différentes étapes rythmer ma journée et me laisser aller aux aléas de celle-ci, le bar est certainement le lieu où je me sens à l'aise, je ne dirai pas le plus à l'aise, mais nous n'en sommes pas loin… Pas loin du tout ! De plus, j'ai trouvé un bistrot où l'on ne me pose pas de questions sur mon travail et la clientèle est respectueuse et reste sur des échanges et discussions liés à la vie en général, les faits divers et la politique, cette fameuse politique nationale qui nous prends du temps et dans un sens nous permets d'oublier nos petits soucis du quotidien, nous pourrions même voir a demander un remboursement à la Sécurité sociale après l'achat du journal quotidien ! Cette année d'élection laissera derrière elle des traces indélébiles à tout jamais et nous la retrouverons dans les livres de l'histoire de France.

Au « café du centre », je retrouve des salariés de la centrale nucléaire, des commerciaux, des ouvriers du bâtiment et des retraités chacun à son rythme, mais toujours à la même heure et à la même place au comptoir ! Nous pouvons finir le lendemain une conversation commencée la veille et apporter de nouveaux éléments si nécessaire.

29 personnes présentes lors de la première journée de rencontre et présentation du projet et des du programme des onze semaines à venir.

22 anciens salariés (reprise du CEFP Mairie de Paris).

Et 13 nouveaux salariés, donc 1 secrétaire, 1 psychologue, 1 infirmière, 1 agent technique, 2 salariés au pôle pédagogique, 3 éducateurs de nuit, 2 éducatrices du quotidien, 1 chef de service et 1 directeur.

Certains commenceront à partir, d'autres suivront pour diverses raisons :

Le premier sera un agent du service cuisine, il faut dire que j'arrive sur direction d'établissement un peu atypique, à mon arrivée il y a 4 salariés en cuisine pour faire environ 15… 20 repas jours de jeunes ! Du jamais vu dans le social ou autres structures. Nous n'appelons pas cela du luxe, mais d'être en déconnexion avec la réalité, car l'ensemble des salariés de semble pas se rendre compte de la situation.

Donc, à la vue de la restructuration des effectifs, un premier cuisiner se rends compte LUI et décide de partir et sortir du programme. Il a trouvé un poste au sein d'un établissement public comme cuisinier, nous ne l'avons jamais revu… La seconde salariée fut la CESF, durant la première période de formation et d'appropriation du projet, elle était effacée, discrète, distante au jour le jour ! Nous la perdions et surtout elle se perdait ! Les différents intervenants et à la vue du profil des futurs bénéficiaires il a semblé qu'elle n'allait pas s'y retrouver et pouvoir se projeter en situation d'accompagnement. Il était trop dur pour elle de faire face à la situation, la décision semble difficile à prendre et douloureuse.

Je me souviens du comportement de cette femme lors des temps de réunions, de travaux collectifs ou en groupe. Elle était soucieuse et pouvait à certains moments vouloir prendre la parole pour demander des explications et tenter d'approfondir le projet… Mais quelque chose la retenait à se contenir et rester en retrait du groupe, au fur et à mesure que les ours passaient, elle s'effaçait jusqu'à ne plus être ! Elle prendra la décision au retour de la période de coupure fin juillet 2016 au 16 août 2016. Elle viendra me voir mi-désolée et mi soulagée qu'elle avait pris la décision de partir et quitter l'équipe.

J'étais depuis le début attentif à l'évolution des comportements et leurs évolutions tout au long du déroulement et construction du projet, chaque salarié est une personne à part entière différente des autres. Cette différence peut et doit dans la mesure du possible une richesse pour l'ensemble du groupe.

Parler les agents de sécurité et les étapes du projet, les clashs, les interventions de nuit, les peurs, les pleurs, les doutes, les évolutions…

La relation avec la mission locale, les artisans, la gendarmerie, les pompiers, l'hôpital, les services de psychiatrie.

L'intervention du SPIG en juillet à la suite de ma demande à la vue d'un jeune homme armé.

Mi-juillet 2016, un salarié « cuisinier » quitte le projet pour aller travailler au sein d'une collectivité locale comme cuisinier.

Les retombées médiatiques et la pression sur les salariés…

Et l'arrivée de l'équipe de sécurité, cette mise en place de la sécurité au sein est portée sur trois axes :

1/ sécurisation du site ;

2/sécurisation du personnel ;

3/sécurisation des bénéficiaires.

La sécurisation du site :

Le GIP (Groupement d'intérêt public) sous la coupelle du CIPDR et plus précisément sous la responsabilité du SG CIPDR, et c'est là que les choses se compliquent vraiment ! Le CIPDR est le comité interministériel pour la prévention de la délinquance et de la Radicalisation (terme qui lui sera associé à la suite des attentats).

Le SG est le secrétaire général, donc en juillet 2016 il se nomme Pierre N'ghane (il quittera son poste en août 2016 et sera remplacé par Muriel Domenach, elle arrivera de l'ambassade de France en Turquie).

Le plus compliqué arrive après, nous apprenons à l'époque que le Directeur général du GIP était sous la direction du SG-CIPDR, mais non ! En 2017 cela n'est plus d'actualité et il nous informera lors discussion légèrement tendue dans son bureau dans les locaux du ministère de l'outre-mer, qu'il dépend directement du cabinet du Premier ministre. Cette information ne change pas pour notre mission et notre projet à mettre en place, cependant elle a une importance dans la continuité du projet. Je reviendrais à cette affaire qui à son importance, mais pour l'instant je reste sur la sécurité.

La sécurité du site de « Pontourny » le site le plus sécurisé de France ! et je ne mâche pas mes mots, le plus sécurisé de France avec un protocole « 7 minutes » pour des non initier un protocole de 7 minutes ne veux pas dire grand-chose et je vais vous expliquer le concept que j'ai eu a utiliser lors d'une aventure peu banale. Nous étions fin juillet 2016, la dernière semaine de juillet, tout le personnel était en vacances pour trois semaines de relâche avant d'attaquer la seconde partie de la formation et les préparatifs de l'arrivée des bénéficiaires, nous étions vers 17 h 45… Je finis la semaine et m'apprête à mon tour à partir en congés pour deux semaines (bref deux semaines dans lesquelles je serai en congé, mais aussi d'astreinte et dérangé tous les jours par les administratifs et autres du matin au soir 7/7) je ferme tous les bureaux, je fais mon tour et salut l'agent de sécurité et un dernier briefing et je quitte le centre pour rentrer chez moi en cette belle journée d'été. Je prends l'allée principale du site, une allée de platanes magnifique et j'arrive au croisement pour prendre sur la gauche en direction de Savigny, jusque-là tout va bien et je tourne vers la gauche et passe devant les deux premières maisons sur ma droite quand arrivé à la hauteur de la troisième je roulai à vingt ou trente kilomètres heure en regardant comme encore aujourd'hui dans le rétroviseur si une voiture me suit ou pas ! Cette démarche ne me quitte pas encore aujourd'hui, si une voiture reste trop longtemps derrière moi je change de direction, prends un rond-point deux fois, ou j'accélère pour suivre son comportement.

Bref, je passe la troisième maison et là sur le bas-côté marche un jeune la tête basse surmontée d'un casquette kaki enfoncée sur le crâne, il est en short vert et tee-shirt bleu, avec un sac à dos en tissus vert kaki et surtout sur la gauche de son corps le long de sa jambe… Il tient une arme de gros calibre de type AKA44 ou autre ! Je n'accélère pas et garde la même vitesse sans attirer son attention et de suite je regarde mon rétroviseur et j'aperçois sa main et doigt sur l'arme, il garde le même pas, je peux rapidement voir que dans l'arme il n'y a pas de balles (le chargeur est vide) je file sans m'arrêter et j'appelle de suite un contact sur Paris pour informer de ce que je viens de voir ! Hé bien montre en main 7 minutes plus tard, quatre véhicules de types 806 et autres arrivent sur les lieux en tenues noires et cagoules, fusils d'assaut avec laser en marche qui pénètrent dans la maison… Là tu te dis Hé bien ça fonctionne et je suis bien dans le centre ou établissement le plus sécurisé de France. Merde !

Les agents de sécurité :

Palier à une entreprise incapable de fournir du personnel compétent, encore une fois il aurait fallu nous demander avec M. Martineau de s'occuper du dossier (nous avons une expérience).

La première entreprise « ONET » nous avait mis du personnel incompétent ou pas adapté aux demandes du cahier des charges, puis il n'avait pas de personnel d'astreinte en soirée et surtout le week-end.

Sur le fait d'un personnel non conforme, je pointe l'expérience d'un samedi soir, vers 2 ou 3 heures du matin. Alors qu'il y avait cette nuit-là deux agents de sécurité, nous sommes appelés en nous laissant des messages incohérents ne pouvant déceler l'urgence et l'importante de se déplacer.

Au bout de quelques heures, M. Martineau se rend sur site à 5 h 00 du matin pour se rendre compte de la situation et pour ma part, je prends le relais à 7 h 30 (un dimanche matin) à mon arrivée au CPIC je trouve deux agents traumatisés, dont un en état de choc évoquant la peur d'être suivi et attaqué à la kalachnikov par des djihadistes… Avec un débit de parole ininterrompu, il avait besoin de parler sans s'arrêter.

Je reste avec lui pendant 3 heures avant qu'il puisse redescendre et rentrer chez lui calmement, j'apprends dans la conversation qu'il n'avait comme expérience de la sécurité que de surveiller un champ de tomates sous serre !

Le second, un jeune de dix-huit ans, ne parle pas beaucoup.

Dans la continuité, nous avons dû changer de société de sécurité, mais là encore le GIP est passé par une société qui nous est orientée par la sous-préfecture. Mais malheureusement cette société ne connaît pas ce genre de prestation et n'a ni le matériel adapté, ni le personnel formé, ni les deux gérant les épaules pour organiser. Cela engagera que nous nous investissions au quotidien pendant plus de quatre mois sans cesse, et encore aujourd'hui nous sommes sur des piqûres de rappel, et un gérant qui nous demande sans cesse des conseils ! chacun son travail ou alors nous avons un complément de salaire…

Bilan :

Il est important de se reposer et demander aux personnes qui maîtrisent certains sujets et faire confiance. Nous investir du choix et sélection de la société, voire de participer au cahier des charges.

Dernièrement, nous avons organisé une visite pour le nouvel appel d'offres, j'espère que là nous serons invités à donner notre avis nous les principaux acteurs. Qu'une orientation financière soit demandée, je n'y trouve aucun souci, si toutefois nous avons la main sur le choix.

Différentes étapes de la sélection des futurs « volontaires puis bénéficiaires »

Les étapes :

1/ La sélection des dossiers par les préfectures de France.

2/ Au sein des préfectures, les cellules de suivi à la radicalisation se réunissent autour de leur préfet.

3/ Une première sélection est effectuée.

4/ Les préfectures informent le GIP.

5/ Lecture des dossiers par le GIP au sein des préfectures.

6/ Sélection des dossiers par le GIP en lien avec les différentes situations proposées et les critères d'entrée au CPCIC 37

7/envoi des dossiers à l'UCLAT pour faire une enquête poussée.

8/ Validation de l'UCLAT.

9/ Le GIP informe le directeur du CPIC 37 des dossiers et personnes pour rentrer en contacter.

10/ La direction du GIP rentre en contact avec les personnes sélectionnées.

11/ Déterminer la possibilité de venir et mettre en place une logistique de transport.

Qui sont-ils ?

1er cas : Seine-Maritime : le 15 juillet 2016, jeune fille de 19 ans

Elle est de sexe féminin, engagée dans un processus de radicalisation, et candidate à un départ en Syrie pour aller faire le Djihad.

La jeune femme de 19 ans est partie rejoindre sa cousine dans un autre département en septembre 2015, pour aller prendre un train dans le Rhône dans l'optique d'un départ pour la Syrie et faire le Djihad. Les deux jeunes filles ont été interceptées par les services de l'état à la gare de leur département.

La principale actrice de ce départ fait l'objet d'un suivi actif par la direction territoriale de la sécurité intérieure (DTSI) de son département, elle sera inscrite au fichier des personnes recherchées et classification S11/S13.

Une décision d'interdiction de sortie du territoire d'une durée de 6 mois sera activée de suite, et notifiée en octobre 2015 par le ministère de l'Intérieur. Considérant son intérêt pour aller faire le Djihad et son intention de toujours partir en Syrie, de plus en contact avec un djihadiste présent sur zone de conflits et des « sœurs » dont au moins une est à Mossoul en Irak l'interdiction de sortie du territoire est nécessaire.

Un renouvellement de son interdiction est à l'étude.

Sa situation familiale :

Célibataire, actuellement sans emploi, en désaccord avec sa famille proche quant à sa pratique de l'islam « rigoriste ».

Sa famille est démunie et dans l'incompréhension face à cet islamisme radical et cette déviance de leur fille majeure.

Son niveau de radicalisation :

Elle est rapidement en rupture avec son environnement familial avec un point déclencheur « la pratique de l'islam rigoriste » ses parents sont des pratiquants et adapte d'un islam modéré. La jeune fille donne une image d'elle d'une jeune fille vulnérable, psychologiquement fragile avec un engagement radical avéré par une tentative de départ vers la Syrie déjouée en septembre 2015.

Elle sera suivie 6 mois (octobre 2015 à mars 2016) par le CDPSI centre de prévention contre les dérives sectaires liées à l'islam, qui établira un désengagement… Il semble plus probable que cette période sera l'occasion pour cette jeune fille de mettre à profit une technique de dissimulation comme en témoignera une rencontre en avril 2016, elle avait pris une carte d'identité d'une jeune fille pour concrétiser un nouveau départ en Syrie, elle maintiendra avoir toujours des contacts avec des personnes djihadistes présentes sur des zones de conflits.

Cette jeune femme a eu un par la cellule du CDPSI et un accompagnement psychologique, elle a pu dire quelle ne souhaite plus partir et s'engager dans une recherche d'emploi, mais elle reste toujours en contact avec des personnes peu respectables et susceptibles de lui demander de venir en Syrie.

Nous lui avons proposé de s'inscrire au programme du CPIC.

Réponse négative pour différentes raisons.

2e cas : Une bande trois jeunes filles de 19/19 et 18 ans (dont deux sœurs de 18 et 19 ans).

Française et origine française du père et mère.

Région Nord de la France.

Elles vont rapidement se déscolariser et porter le DJILBAB, elles vont approvisionnées régulièrement d'ouvrages sur l'islam à la librairie et cherche à se rendre rapidement dans un pays musulman pour vivre pleinement leur foi.

La situation des deux sœurs :

Le père est incarcéré pour trafic de stupéfiants.

La mère se livre à la prostitution.

Les deux sœurs sont domiciliées chez leur grand-mère.

Françaises et de père et mère français

Leur copine :

Elle rencontre son mari sur internet (lui-même radicalisé).

Française et de parents français.

La chronologie du processus d'emprise sectaire et de basculement :

La première jeune fille (seule) entame une démarche de rapprochement à un islam rigoriste via des consultations dans des librairies et sur internet ou elle va rencontrer son futur mari. Elle apprend la langue arabe, elle souhaite se rendre dans un pays musulman pour vivre pleinement sa foi en tenue adaptée.

Après son mariage, elle va s'enliser dans une pratique de l'islam rigoriste et s'associe avec les deux sœurs.

Constat :

La relation « mère/enfant ».

Le lien avec la mère :

Dans au moins 10 cas suivis, je peux en sortir un constat relevant que la relation en le jeune adulte en voie d'emprise sectaire, de recherche d'identité est dans une relation ambiguë avec sa mère, une relation fusionnelle, dangereuse et voir violente !

Il y a cette situation ou la relation est depuis la plus jeune enfance la relation est tendue, et en suivra une séparation entre la mère et la mère. La personne restera avec le père violent par défaut, alcoolique occasionnel, invalide et ne pouvant plus être en capacité de travailler, les quatre enfants dans l'interrogation de retourner vers l'un ou l'autre, dans une situation d'aller-retour.

Une personne de la fratrie sera impactée plus que les autres qui sauront trouver un stratagème pour se prémunir d'une emprise, quelle qu'elle soit. Deux sont plus âgés et auront des centres d'intérêt différents et auront aussi connu une époque sans internet et le téléphone portable qui aura un impact important et sera un des principaux modes de communication, émancipation. Le dernier enfant de la fratrie est pour sa part handicapé se ne lui permettra pas d'être dans une démarche identique à son aîné, il sera entouré/préservé et chouchouté par les trois autres.

Revenons au 3e enfant de cette famille de 4 et dont le couple va éclater et entamé une vie avec deux foyers, le père donc ne travaille pas, par contre la mère elle travaille. Là à ce stade, rien ne peut orienter une le fait de s'orienter vers un refuge au sein d'un extrémisme religieux ou alors au sein divorce nous devrions retrouver des enfants épousant ou s'orientant vers une cause religieuse allant jusqu'à mourir !

Non en aucun cas, dans cette situation nous avons un enfant qui est en conflit avec sa mère depuis la plus tendre enfance, le plus jeune âge. Leur relation va de cris, de plus et des coups et des morsures de l'enfant vers sa mère… Des actes de violence physique extrême et amenant l'enfant dans des interrogations et ne pouvant en parler, il va chercher ailleurs cet appui, ce soutien. Il va s'éloigner doucement du monde extérieur et se glissement s'effectuera sans que personne ne se rende compte de quelque chose, nous retrouverons ce glissement en douceur dans chaque situation. Il s'inscrire une relation « je t'aime, je te fais mal ».

L'enfant à 16 1/2… 17 ans quand il rencontrera via internet cet autre jeune un peu plus âgé.

Cet autre jeune, pour ce jeune adulte il est issu d'une famille de trois enfants, il est le cadet, les parents sont en couple, le père handicapé et ne travaille plus, la mère ne travaille pas. Ses frères sont pour leur part inscrits dans des actes de petite délinquance. Le second placé par les services de la protection de l'enfance sera violé à plusieurs reprises par des éducateurs, il en suivra des années plus tard un procès et une réponse non comprise par la famille (prison avec sursis). Ce jeune adulte d'une vingtaine d'années est très proche de sa mère, trop proche. Il lui est impossible de partir trop loin et trop longtemps sans revenir ou l'appeler et l'insulter, la menacer, lui voler de l'argent et revenir pleurer dans ses bras, et la mère pourra dire :

« J'en ai peur et puis c'est mon enfant. »

Depuis la fin de ce programme qui devait exister au minimum pour 5 années, car j'avais signé un contrat de 5 ans en CDD, comme à mon habitude « respectueux de mon employeur et fier », je n'ai nullement contesté mon arrêt brutal du CDD, je n'ai rien demandé, aucun courrier, aucune indemnité, ni compensation ! je suis parti du programme et de ce ministère la tête haute et fier de mon travail et du service rendu ! Je suis descendu dans la rue, le vent soufflait légèrement, une brise envahissait les espaces libres… Laisser libre ! et moi j'étais dans ces espaces libres… J'ai continué mon chemin en écrivant régulièrement au gouvernement, aux ministres, au 1er ministre pour leurs proposer de venir œuvrer sur ce sujet important ! j'ai eu des réponses… Mais des réponses du type « merci pour votre engagement ou nous avons pris en compte votre demande », mais rien de plus ! j'ai envoyé entre 20 et 30 courriers sur les 5 dernières années. J'ai envoyé un mail à tous les députés entre mars 2022 et juin 2022 – 35 mon répondus, 5 avec qui j'ai eu des échanges intéressants de mail et deux dont j'ai eu des Visio, j'ai envoyé un mail à 18 500 maires… Le seul maire avec qui j'ai eu un retour est le maire de Brive ! Et tous les sénateurs… Aucun retour ! Est-ce que ce sujet n'intéresse personne ? est-ce que ce sujet est trop compliqué ? je ne sais pas ?

Mais encore aujourd'hui, juillet 2023, je ne lâche pas ! aujourd'hui juillet 2023, je continue mon chemin…

J'ai fait une conférence à Montpellier en 2020 en présence des députés et sénateurs de l'Hérault, j'ai fait une conférence fin 2021 à Clermont-Ferrand, une autre dans le cadre du salon du livre de Chinon en 2022 et une autre de programmées en avril 2023 sur La Rochelle.

Notre société est en phase de perdition, il n'y a plus de référence, mes politiques sont inexistantes sur le paysage audiovisuel, les politiques ne sont plus capables de mener les troupes, le peuple !

Il manque des images qui font briller les yeux… La crise de la COVID est aussi passée par là et a changé les codes du travail, de sa représentation – aujourd'hui le « burn-out » est présent sur 80 % des arrêts de travail ! Comment en sommes-nous arrivés là ?

La valeur travail n'est plus existante, pourquoi avons-nous changé ?

Les jeunes ne savent plus… Les jeunes ne comprennent plus, mais leurs parents aussi ! Ils se sentent exclus, ils n'ont plus confiance !

Les codes de la société ont changé, le fossé entre les classes sociales a évolué et évolue de plus en plus !

J'entends, je vois des jeunes et de jeunes adultes qui veulent être « influenceurs ou influenceuses », qui veulent vivre à Dubai ! Ils veulent être une de ces personnes de la télé-réalité, être des tradeurs, être des sportifs du ESport ! Mais plus boulanger, pâtissier, couvreur, plombier, électricien… Carrossier !

Où va nous amener cette évolution ? Sommes-nous capables de la maîtriser ?

Les mouvements « radicaux » sont présents de plus en plus en tout genre…

Il serait bien de se poser les bonnes questions, je ne lâche rien ! j'y crois et je me bats au quotidien dans mon travail, dans ma vie personnelle… Au sport pour être à l'écoute des gens et débattre avec eux !

Je ne lâche rien !

Imprimé en Allemagne
Achevé d'imprimer en juin 2023
Dépôt légal : juin 2023

Pour

Le Lys Bleu Éditions
40, rue du Louvre
75001 Paris

www.ingramcontent.com/pod-product-compliance
Lightning Source LLC
Chambersburg PA
CBHW062342010826
49168CB00024B/224
9791037799005